KANADA

TD

KANADA

Eine Reise durch Landschaft, Kultur und Alltag

Text: Klaus Viedebantt
Fotos: Wolfgang R. Weber
und Axel M. Mosler

VISTA POINT VERLAG

Inhalt

I Kanada – das herrliche Land mit »zuviel Geographie«

Straßencafé an der Robson Street in Vancouver.

Der Cassiar Highway in British Columbia ist inzwischen zu einer der gängigen Touristenrouten geworden.

»Für Kanada geht eine ganze Epoche zu Ende. Da mußte ich dabei sein.« George, ein Busfahrer aus Edmonton, hatte seine Ersparnisse zusammengekratzt und war quer über den halben Kontinent geflogen, um in New York das letzte Spiel des »Great One« zu sehen. Kanadas Eishockey-Legende Wayne Gretzky war im Frühsommer 1999 nach dem Spiel seiner New York Rangers gegen die Pittsburgh Penguins endgültig vom Eis gegangen. Das Ergebnis – 2 : 1 für Pittsburgh und somit gegen Gretzkys Mannschaft – spielte an diesem Tag keine Rolle. Nach der Schlußsirene feierten die Zuschauer frenetisch den Mann, der in seiner Laufbahn nahezu alle Eishockey-Rekorde gebrochen hatte und mit den Edmonton Oilers seine größten Erfolge erzielt hatte.

Aber die Feier im Madison Square Garden bedeutete für viele Kanadier mehr als den Abschied von einem großen Sportler. Gretzky war der einzige seiner Sportart, der je über den Kreis der Eishockeyfans bekannt geworden war. Er war auch ein Symbol für Kanada, eines der wenigen, auf das sich englisch- und französischsprechende Kanadier problemlos eini-

Kanada, das zweitgrößte Land der Erde, reicht von nordpolaren Regionen bis hinab zur geographischen Breite Roms und vom Atlantik bis zum Pazifik. Sechs Zeitzonen unterteilen das riesige Gebiet.

gen können. »Jetzt ist Kanada ärmer«, sagte George und wischte sich angesichts der Fernsehkamera verstohlen eine Träne aus dem Augenwinkel.

Das Land, das nicht nur vom Separatismus in Québec, sondern auch von Abspaltungstendenzen in den westlichen Provinzen bedroht wird, braucht solch einigende Symbole. Aber selbst die schmucke rot-weiß-rote Staatsflagge mit dem markanten Ahornblatt wird in Québec oft als »föderalistische Propaganda« gebrandmarkt. Folglich mangelt es Kanada – als einziger großer Nation – an nationaler Identität. Die einzigen Nachbarn, die 287 Millionen US-Amerikaner, machen es mit ihrer wirtschaftlichen Übermacht und ihrem kulturellen Einfluß vor allem in den Medien den gut 31 Millionen Kanadiern auch schwer, zu einem Nationalbewußtsein zu finden.

Aber das Hauptproblem des Landes ist sein ungeheures Ausmaß. Mit fast zehn Millionen Quadratkilometern ist Kanada (nach Rußland) der zweitgrößte Staat des Globus und zugleich einer der am dünnsten besiedelten. »Wenn manche Länder zuviel Geschichte haben, so haben wir zuviel Geographie«, sagte schon 1936 resignierend der damalige Premierminister Mackenzie King. Die 5 500 Kilometer vom Atlantik bis zum Pazifik sind in sechs verschiedene Zeitzonen aufgeteilt. In Süd-Nord-Richtung erstreckt sich Kanada über rund 4 500 Kilometer von den Niagara-

Wie ein Palast mit grünem Dach überragt das Hotel Château Frontenac die Altstadt von Québec City.

Fällen bis zum letzten Landflecken etwa 800 Kilometer vor dem Nordpol. Kanada ist von drei Ozeanen umgeben: im Osten vom Atlantik, im Norden von der arktischen See und im Westen vom Pazifik.

Aber es ist nicht nur diese scheinbar unendliche Fläche, die Kanada charakterisiert, sondern auch seine besondere geographische Struktur. Alle natürlichen Hindernisse verlaufen von Nord nach Süd: das Appalachen-Gebirge an der Ostküste, die undurchdringlichen Wälder des Kanadischen Schildes, eines riesigen, rund 500 Millionen Jahre alten Granit- und Gneisrückens, und schließlich die hochalpinen Barrieren der Rocky Mountains und der Coast Mountains. Der höchste Punkt des Landes ist mit 6 050 Metern der Mount Logan im Yukon Territorry.

Zehn Provinzen und drei Territorien, die nördlich des 60. Breitengrads liegen, verteilen sich über das Land. Die flächenmäßig größten Provinzen sind Québec, Ontario und British Columbia. Die kleinsten Provinzen liegen alle an der Atlantikküste: die vergleichsweise winzige Insel Prince Edward, Nova Scotia und New Brunswick. Die einzig große dieser östlichen »Maritimes« ist Newfoundland. In der Mitte des Landes und der Größentabelle liegen die ausgedehnten, etwa gleichgroßen Prärieprovinzen Manitoba, Saskatchewan und Alberta, das schon in die Rocky Mountains hineinragt. Die größten Flächen nehmen die nordischen Territorien Nunavut und Northwest Territories ein, während das Yukon Territory an der Grenze zu Alaska deutlich kleiner als die Prärieprovinzen ist.

Riesige Regionen des Landes sind nahezu menschenleer, denn rund 90 Prozent aller Kanadier leben in einem schmalen Streifen entlang der 6 380 Kilometer langen Südgrenze zu den USA. Die bevölkerungsreichsten Provinzen sind Ontario mit der 3,8-Millionen-Stadt Toronto und Québec mit der 3,1-Millionen-Metropole Montréal. Die einzigen beiden anderen Millionenstädte sind Vancouver (1,7 Millionen) und die Bundeshauptstadt Ottawa mit der Schwesterstadt Gatineau (1 Million). Das Land ist wesentlich urbaner als sein naturreiches Image vermuten läßt: In den zehn größten Städten lebt etwa die Hälfte aller Kanadier.

»Klar, wir sind richtige Stadtmäuse«, sagte Monique, die uns überaus ortskundig und kulinarisch kompetent durch die Bistros und Brasserien von Québec City führte. »Aber egal, wo ihr seid: Wenn ihr eine Stunde aus der Stadt fahrt, seid ihr immer mitten in der Wildnis.« Anders ginge es auch gar nicht, fuhr sie fort, denn die Kanadier seien allesamt »real outdoor people«. Wirklich? Wir schauten uns um in dem kleinen Altstadt-Restaurant, das erkennbar ein Treffpunkt der Schönen und Reichen war. »Aber am Wochenende werden die Armani-Klamotten durch karierte Holzfällerhemden, Mountainbike-Trikots oder wasserdichtes Kanutentextil ersetzt, und dann geht es raus zum Jacques-Cartier Park. Vielleicht nicht jede Woche, aber doch sehr oft, weil man mit der Clique zusammenbleiben will.« Monique, die zierliche Kunststudentin, legt noch ein Argument nach: »Wußtet ihr, daß wir Kanadier schon in der High School Überlebenskurse im Busch absolvieren?«

Die Statistik spricht für Moniques Behauptung: Kanada hat 40 Nationalparks, der größte, Wood Buffalo National Park im Norden Albertas, übertrifft mit seinen Ausmaßen die Fläche der Schweiz. Einige der Parks, darunter die Nationalparks Wood Buffalo, Gros Morne, Kluane, Nahanni oder Rocky Mountain, wurden von der UNESCO zum »Welterbe« ernannt.

Quer durch die Niagarafälle verläuft die Grenze: Der hintere Wasserfall gehört zu den USA, die Horseshoe Falls im Vordergrund liegen auf kanadischem Territorium.

Fototermin mit einem Wal in der Witless Bay von Newfoundland.

Auf der Avalon Peninsula zeigt sich Newfoundland von seiner nebligen, fast mythischen Seite.

Wer einen Sonnenuntergang wie den an der Covehead Bay erleben will, hat es auf Prince Edward Island nicht weit: Kein Punkt auf der Insel ist mehr als 15 Kilometer vom Meer oder von einer Bucht entfernt.

Der Leuchtturm von Peggy's Cove ist eines der Wahrzeichen von Nova Scotia.

Der Mond ist schon da und die Sonne sinkt über der Chignecto Bay in New Brunswick.

Hinzu kommen mehr als 1 200 Provincial Parks, unzählige Naturreservate und sonstige Schutzgebiete. Kein Wunder, daß Kanada seinen Besuchern guten Gewissens »Natur pur« versprechen kann. Ja, sogar die schwülstige Poesie der Tourismuswerber – »göttliches Meisterwerk, erhabenes Gemälde aus Wundern der Natur« – läßt sich durchaus mit der entsprechenden Szenerie belegen.

Das gilt vor allem für Wälder, Seen und Flüsse. Kanada kann aus klimatischen Gründen zwar nur weniger als zehn Prozent seiner Fläche landwirtschaftlich nutzen (dennoch sind die Weizenfelder der Prärieprovinzen einer der großen »Brotkörbe« der Welt), aber dafür wächst auf etwa 36 Prozent des nahezu endlosen Landes dichter Wald. So verwundert es nicht, wenn inmitten der Wälder auf einmal die schrillen Töne eines Sägewerks hörbar werden oder die Schlote einer Papierfabrik die Luft verpesten. Dank dieses nachwachsenden Reichtums ist Kanada einer der weltgrößten Exporteure für Holz- und Papierprodukte – allerdings gerät die Forstwirtschaft auch immer wieder in das Visier der Umweltschützer, weil, so die Ökologen, die Holzfäller vor allem an der Westküste aus Profitstreben unersetzliche alte Regenwälder per Kahlschlag zerstören.

Ähnlich üppig wie mit Wald ist Kanada mit Wasser versorgt. Obwohl die Kanadier weniger als ein Prozent der Weltbevölkerung ausmachen, verfügen sie doch über nahezu 10 Prozent der globalen Süßwasservorräte. Allein die »Großen Seen« an der Grenze zu den östlichen Vereinigten Staaten sind das größte zusammenhängende Frischwasser-Reservoir der Welt. Die beiden großen arktischen Gewässer, der Great Bear und der Great Slave Lake, bringen es zusammen auf mehr als 60 000 Quadratkilometer (zum Vergleich: Der Bodensee mißt 538 Quadratkilometer).

Darüber hinaus besitzt Kanada so viele kleinere Seen, daß sie noch nie gezählt wurden, und einige der größten Flüsse Nordamerikas, an erster Stelle das Mackenzie-Peace-Flußsystem mit 4 240 Kilometer Länge (Rhein: 1 320 Kilometer). An zweiter Stelle rangiert der tief ins Landesinnere reichende St. Lawrence mit 3 058 Kilometern, an dritter Position der Nelson mit 2 575 Kilometern. Trinkwasser im Überfluß? Nicht unbedingt, kanadische Wissenschaftler haben selbst in Flüssen, die weit von jeglicher Zivilisation entfernt sind, stattliche Schadstoff-Konzentrationen festgestellt. Schuld ist daran der saure Regen, der die Giftstoffe aus den Industrierevieren im Süden und in den USA bis in die scheinbar unberührten Regionen trägt.

Im Zeitalter von Flugzeug und Helikopter ist diese Wildnis auch längst nicht mehr so unzugänglich wie einst, als sich die Entdecker und Pioniere mit Kanus auf den Flüssen ins Unbekannte vorwagten. Und wo es sich lohnt, gibt es auch bald eine Flugverbindung: Eine Waldlichtung für den Hubschrauber läßt sich immer freischlagen, sollte ausnahmsweise einmal nicht genug Wasserfläche für eine kleine Einmotorige auf Schwimmern vorhanden sein.

In Resolute, einer entlegenen Insel in Kanadas hoher Arktis, können sogar mittelgroße Jets landen, die Piste gehört zum nördlichsten Flughafen der Welt mit einer Linienverbindung. Und wenn die Maschine vor dem kargen Flughafengebäude ausgerollt ist, entsteigen ihr neben einigen Inuit vor allem kräftige Gestalten in Daunenanoraks mit aufgesticktem Firmenlogo: Schichtwechsel für die Ölbohr-Plattformen im Eismeer.

Oildrilling in einer der unwirtlichsten Zonen der Welt, was treibt einen zu so einem Job? John, unser Nachbar im Flugzeug nach Resolute, lacht herzlich und nimmt einen Schluck vom »kanadischen Landwein«, dem Rye Whiskey: »Dollars. Der Job ist sehr gut bezahlt. Außerdem gibt es alle paar Wochen Urlaub in Edmonton.« Und all die Strapazen? »Ich stamme aus Halifax und war mit den Kabeljaufischern unterwegs. Das war genau so hart und halb so gut bezahlt. Und besser als im Bergbau ist es allemal.«

Das sehen die Arbeiter im Kupferbergbau in British Columbias Highland Valley ganz anders. Der Abbau des Metalls ist zwar auch schwere Arbeit, aber man sitzt nicht irgendwo auf einer stählernen Insel im Meer. »In der Freizeit sind wir draußen im Busch, zum Angeln oder zur Bärenpirsch«,

Wo ein See ist, ist auch eine Piste: Buschpiloten im Yukon.

Ein Strom, der niemals vom Eise befreit sein wird: Der Kaskawulsh-Gletscher im Kluane National Park.

Auf dem Sunwapta See im Westen Kanadas werden Baumstämme aus dem Hochland zu den Sägewerken transportiert.

sagten Pierre und Dick, zwei Kumpels, die ihr Zelt nur einige Kilometer abseits der Mine und dennoch in der Einsamkeit aufgestellt hatten. Jagd auf Bären? Stehen die Herren des Waldes nicht unter Naturschutz? »Na klar, deshalb jagen wir auch nur mit der Kamera. Die Flinte ist lediglich für Notfälle. Wir haben sie noch nie gebraucht. Solange die Bären einen Fluchtweg haben, lassen sie dich in Frieden. Nur Muttertiere mit Jungen sind heikel.«

Pierre stammt aus einer alten Bergmannsfamilie, Rick studiert Bergbau, sein Ferienjob im Highland Valley ist zugleich sein Praktikum. Ein lohnendes Studium mit guten Karriereaussichten? »Ich glaube schon. Kanada sitzt auf gewaltigen Bodenschätzen, viele Lager sind noch nicht entdeckt. Deshalb spezialisiere ich mich auch auf die Exploration.« Rick gibt uns ein paar Beispiele für Kanadas verborgenen Reichtum: »Bei uns lagern 70 Prozent aller Cäsiumvorräte der Welt, 50 Prozent aller Kalivorräte, jeweils etwa 15 Prozent aller Nickel-, Zink- und Silberlager. Und das sind nur die bereits entdeckten Mengen. Wer weiß, wie viel noch unter der Erdkruste verborgen ist.«

Und das Gold, das einst am Klondike River im Yukon Tausende aus aller Welt anlockte? »Gold spielt heute keine große Rolle mehr. Unsere Reserven werden nur noch auf drei bis vier Prozent aller weltweit existierenden Vorkommen geschätzt. Aber es macht Spaß, manchmal nach alter

Art mit der Pfanne Gold zu waschen. Ein paar Körnchen bleiben meist hängen, vielleicht reicht es eines Tages für die Trauringe ...«, sagt der junge Mann lachend.

Rick ist in Bagdad zur Welt gekommen, aber in Hamilton/Ontario aufgewachsen, weil seine Eltern aus politischen Gründen auswandern mußten. Kanada war das Ziel ihrer Wahl, das Land ist berühmt für seine liberale Einwanderungspolitik, es bietet mehr soziale Sicherheit und weniger Kriminalität als sein amerikanischer Nachbar. Überdies gab es in Hamilton Verwandte. Seinen für westliche Zungen stolperigen Vornamen amerikanisierte Rick, schon bevor er in die Schule kam. Er war damals einer von wenigen Schülern ohne angelsächsischen oder zumindest europäischen Familienhintergrund. Heute, so erzählt er, sei seine einstige High School eine »kleine Uno« mit allen Hautfarben.

Zu der kanadischen Vollversammlung der Nationen zählen Bürger irischer, deutscher, italienischer, ukrainischer, holländischer oder skandinavischer Herkunft, Einwanderer aus der Karibik und vor allem aus den asiatischen Staaten. Das riesige, aber menschenarme Land profitiert von dieser massiven Einwanderung, es braucht mehr Bürger, mehr Kunden für die einheimische Wirtschaft und eine größere Steuerbasis. Überdies haben viele der Einwanderer Exportwege in ihre Geburtsländer geöffnet. Eine Untersuchung der St. Mary University in Halifax hat nachgewiesen,

Ladenzeile an der Pender Street in Vancouvers Chinatown. Chinesische Einwanderer haben entscheidend zu Kanadas »Vielvölkermosaik« beigetragen.

daß der Anteil, den die Einwanderer zum Bruttosozialprodukt beitragen, höher ist als die Kosten, die sie für Sozialleistungen verursachen.

Dennoch gibt es angesichts wirtschaftlicher Schwierigkeiten in Kanada bereits Stimmen, die einen Einwanderungsstopp fordern. So wurde die jährliche Einwanderungsquote von 250 000 auf 220 000 gesenkt, bei der Auswahl der Neuankömmlinge wird seit einigen Jahren mehr auf gut ausgebildete oder finanziell unabhängige Bewerber geachtet. Humanitär begründete Ausnahmen von dieser Politik gibt es allerdings häufig.

Kanadas Einstellung zur Einwanderung unterscheidet sich grundsätzlich von der seiner amerikanischen Nachbarn. Deren Ziel ist ein »Schmelztiegel«, in dem die Immigranten ihre nationale Identität allmählich in eine amerikanische verwandeln. Kanada setzt hingegen auf das »Mosaik«, in dem die jeweilige nationale Identität erhalten bleiben soll und sogar mit hohem finanziellem Aufwand aus der Steuerkasse gefördert wird. So kann man in Toronto beispielsweise seine Führerscheinprüfung in zwölf verschiedenen Sprachen ablegen.

Die Mosaik-Theorie ist auch unter Einwanderern nicht unumstritten. Der in Trinidad geborene Schriftsteller Neil Bissoondath beklagt in einem Buch über die »Mythen des kanadischen Multikulturalismus«, dieser fördere eher die Trennung unter den Bürgern als ihre soziale Einheit. Und die einstige Ministerin für multikulturelle Angelegenheiten, Sheila Finestone, sagt sogar, Kanada habe viele Kulturen, aber keine »nationale Kultur«. In einem Land, das von Spaltung bedroht ist und dessen Bewohner ohnehin Schwierigkeiten mit einer nationalen Identität haben, ist solch eine Diagnose durchaus bedenkenswert.

Aber warum nur, so fragen sich viele Ausländer, werden Kanadier auf Auslandsreisen sofort glühende Patrioten, die ihr Gepäck mit Ahornflaggen besticken, sich Flaggenpins ans Revers heften und hin und wieder sogar die Nationalhymne »O Canada« anstimmen? Die Frage läßt die Kanadier ratlos. Auch George aus Edmonton hätte vermutlich keine schlüssige Antwort. Aber zum Abschiedsspiel für Wayne Gretzky in New York ist er selbstverständlich mit einer gewaltigen kanadischen Flagge angereist.

Die größten und kleinsten, höchsten und tiefsten

Kanada besitzt die größte Süßwasserfläche der Welt, die Seen und Flüsse summieren sich auf 754 000 Quadratkilometer.

Auch die größte Süßwasserinsel liegt in Kanada: Manitoulin Island in der Georgian Bay in Ontario.

Die größte Insel Amerikas liegt in der kanadischen Arktis. Baffin Island ist mit 507 451 Quadratkilometern nach Grönland, Neuguinea, Borneo und Madagaskar zugleich die fünftgrößte Insel des Globus.

Für den höchsten Tidenhub der Welt sorgen Ebbe und Flut in der Bay of Fundy in New Brunswick. Der Unterschied zwischen Hoch- und Niedrigwasser beträgt im Durchschnitt etwa 12 Metern, der höchste Tidenhub wurde mit 18,7 Metern gemessen.

Die Farbenpracht der Waldseen im Yukon ist nur aus der Luft erkennbar.

Yarmouth in Nova Scotia hält den amerikanischen Nebelrekord: 1997 waren von 92 Sommertagen 85 vernebelt. Das ist wahrscheinlich auch Weltrekord.

Die längste Straße der Welt ist die Yonge Street in Toronto. Mit ihren 1 886 Kilometern führt sie natürlich weit aus der Stadt hinaus. Sie verbindet Toronto mit dem Rainy River an der Grenze zu Minnesota.

Das höchste freistehende Bauwerk der Erde steht in Toronto – der CN Tower mißt 533 Meter.

Überall Wasser: Das nächtliche Toronto, vom Lake Ontario her gesehen, und der Yellowhead Highway am Jasper Lake (rechts).

Die weltlängste überdachte Brücke steht in Hartland, New Brunswick. Sie ist rund 390 Meter lang.

Der kleinste Flecken der Niederlande lag für kurze Zeit in Kanada: Die niederländische Königsfamilie wurde während des Zweiten Weltkriegs nach Ottawa evakuiert. Als Königin Juliana am 19. Januar 1943 mit einer Tochter niederkam, wurde das Geburtszimmer kurzerhand zum exterritorialen Gebiet erklärt, damit Prinzessin Margriet in den Niederlanden geboren wurde.

II

»Hier gibt es nichts« – und zwei Weltmächte streiten sich darum

Es war wohl die Spur des Mammut oder Mastodon, die vor rund 30 000 bis 12 000 Jahren die ersten Menschen aus Asien nach Amerika führte. Der kalte Globus ächzte damals unter ungeheuren Eislasten. Die Gletscher hatten soviel Wasser eingefroren, daß das Meer zwischen Sibirien und

Jacques Cartier, einer der fähigsten Navigatoren des 16. Jahrhunderts, war der Gründer der französischen Kolonie in Kanada – und der Namenspate dieses Landes.

Die Totempfähle im Stanley Park in Vancouver sind ein Tribut an die Kunst der Westküsten-Indianer.

Alaska, die heutige Beringstraße, trockengefallen war. Auf dieser Landbrücke erreichten die ersten Amerikaner ihre neue Welt. Wo kein Eis den Weg versperrte und vor allem dann nach dem Ende der Eiszeit vor 12 000 Jahren, wanderten die Vorfahren der Indianer weiter, nach Süden und nach Westen, etwa 80 Kilometer pro Generation. Etwa vor 10 500 Jahren war Nordamerika besiedelt und Südamerika erreicht.

Als um das Jahr 1000 nach Christus mit den Wikingern die ersten Europäer Amerika erreichten, hatten die Ureinwohner längst unterschiedliche Stämme gebildet, die feste Stammesgebiete bewohnten. Die Wikinger, die den neuen Kontinent im Gebiet der heutigen »Maritimes« erreicht hatten, überwinterten dort sogar. Erobern konnten sie das damals wohltemperierte »Vinland« oder »Markland« allerdings auf Dauer nicht. Und als wieder kältere Epochen folgten, mußten die Nordmänner sogar ihre atlantischen Vorposten auf Grönland, dem »grünen Land«, räumen. Damit geriet auch die ferne Küste jenseits des Atlantiks in Vergessenheit.

Fünfhundert Jahre später überzeugte ein Italiener, Giovanni Caboto, den britischen König Henry VII. davon, daß er das Land auf der anderen Seite des Meeres und den profitträchtigen Seeweg zu den Gewürzinseln nicht allein dem spanischen Hof und seinem Navigator Kolumbus überlassen dürfe. John Cabot, wie er sich nun nannte, brach schließlich im

Auftrag des Königs auf gen Westen. Am 24. Juni 1497 erreichte er die Wikingerküste. Nach London zurückgekehrt, versprach Cabot seinem Monarchen gewaltige Reichtümer aus dem neuen Land. Deshalb stellte der Herrscher ihm im folgenden Jahr fünf Schiffe für eine weitere Expedition zur Verfügung. Cabot und seine Leute kehrten nicht zurück, ihr Schicksal wurde nie geklärt.

Den einzigen Reichtum, den Cabot auf seiner ersten Fahrt entdeckt hatte, waren die immensen Kabeljauschwärme vor der amerikanischen Küste. Das sickerte schnell durch in Europa, und bald warfen vor allem Basken, Bretonen und Portugiesen vor Kanada ihre Netze aus. So war es nicht erstaunlich, daß mit Jacques Cartier ein Bretone das Land für den französischen Thron in Besitz nahm: 1534 errichtete er auf der Gaspé-Halbinsel ein hohes Kreuz. Ansonsten zeigte sich Cartier, der in der Hoffnung auf Schätze aufgebrochen war, nicht sonderlich beeindruckt von dem kargen Terrain: »Das ist das Land, das Gott dem Kain gab.«

Cartier trug als erster den Namen »Kanada« in ein Logbuch ein. Wo er herkommt, ist nicht ganz geklärt. Wahrscheinlich beruht der Name des Landes auf einem Irrtum. So soll Cartier, als er 1535 unweit der heutigen

Nach ihm wurde zeitweise der größte Teil Kanadas genannt: Prince Rupert, der Gründer der Hudson's Bay Company.

Der Nachbau der Kolumbus-Karavelle »Santa Maria« ist eine der Sehenswürdigkeiten in der West Edmonton Mall, einem der größten Einkaufszentren der Welt.

Stadt Québec an Land ging, die einheimischen Irokesen nach dem Namen des Landes gefragt haben. »Kanata« war die Antwort, was soviel wie »Hütten« bedeutet. Eine weniger wahrscheinliche Auslegung derselben Situation besagt, die Indianer hätten sich daran erinnert, was goldsuchende Spanier zuvor in der Chaleur Bay enttäuscht ausgerufen hätten: »Acá nada.« – »Hier gibt es nichts«. Weil die Spanier damals wieder abgesegelt seien, hätten die Indianer nun hoffnungsvoll dasselbe Wort benutzt. Zu den Kuriosa gehört hingegen die Erklärung, mit der 1811 die in Kingston erscheinende »Gazette« ihre Leser überraschte: Da die französischen Siedler einst angeblich nur eine Kanne Bier pro Tag trinken durften, habe das die englischen Nachbarn zu der Spöttelei »A Can a Day« inspiriert.

Kanadas vergleichsweise kurze Geschichte läßt sich an einigen markanten Daten festmachen. Der 3. August 1605 ist solch ein Datum. An diesem Tag gründeten Samuel de Champlain und Sieur de Monts – rund 600 Jahre nach den Wikingern – wieder eine permanente Siedlung auf kanadischem Boden: Port-Royal im heutigen Nova Scotia. Die Gründer nannten ihre Kolonie Nouvelle France und begannen damit eine fast 250 Jahre andauernde Auseinandersetzung zwischen Franzosen und Engländern um die Neue Welt.

Der nächste Meilenstein der kanadischen Geschichte war der 2. Mai 1670, der Schauplatz war London. Dort unterzeichnete König Charles II. die Charterurkunde für die Hudson's Bay Company (HBC) und übergab seinem Cousin, Prinz Rupert, damit ein Riesenreich im Norden. Es wurde fortan Rupert's Land genannt. Die Hudson's Bay Company herrschte über ein Gebiet von 2,9 Millionen Quadratkilometern, das entspricht etwa 40 Prozent des heutigen kanadischen Staatsterritoriums.

Ihren Namen verdankte die Organisation, die Kanadas Entwicklung maßgeblich prägte, der Beschreibung ihrer Grenzen: Alles Land zwischen allen Flüssen, die in die Hudson Bay münden. Basis des nahezu sofortigen Geschäftserfolgs der Gesellschaft war der Fellhandel, denn die Pelze brachten in Europa satte Profite. Vor allem Biberfelle waren gesucht, da die Biberhaare ein gesuchter Grundstoff der Hutmacher waren. Um an die

Felle zu gelangen, errichtete die Company ein System befestigter Handelsposten entlang der Wasserwege. Dorthin brachten dann die Indianer und Trapper die Tierfelle und handelten sie gegen Waren aller Art ein.

Jagdszenen bei den Micmac-Indianern um 1850.

Die Landnahme der Engländer blieb von den Franzosen nicht unbeantwortet: 1686 eroberten die Brüder LeMoyne die meisten Forts der Hudson's Bay Company, französische Kriegsschiffe besiegten die britische Flotte in der Hudson Bay. Aber die französischen Erfolge in Kanada hielten nach wechselndem Kriegsglück in Europa weltpolitisch nicht lange vor. Im Frieden von Utrecht 1713 erhielt der englische Thron das gesamte Rupert's Land, Nova Scotia, New Brunswick und Newfoundland zugesprochen.

1755 brach in Nordamerika erneut ein Kolonialkrieg zwischen England und Frankreich aus. Entscheidend für seinen Verlauf war am 13. September 1759 die französische Niederlage in der großen Schlacht auf den Plains of Abraham, auf der Hochebene vor den Toren von Québec City. Bei dem Kampf kamen die beiden Feldherren um: Louis Joseph Marquis de Montcalm und James Wolfe. Im Frieden von Paris 1763 mußte Frankreich seine kanadischen Besitzungen an die britische Krone abtreten.

Der »Québec Act« gab den Frankokanadiern 1774 immerhin das Recht auf die französische Sprache, den römisch-katholischen Glauben und das französische Rechtssystem. Neun Jahre später endete der Unabhängigkeitskrieg der Amerikaner gegen das britische Mutterland, dies war zugleich die Geburtsstunde der USA. Rund 40 000 loyale Untertanen der britischen Krone verließen daraufhin die Vereinigten Staaten und ließen sich im weiterhin britischen Kanada nieder.

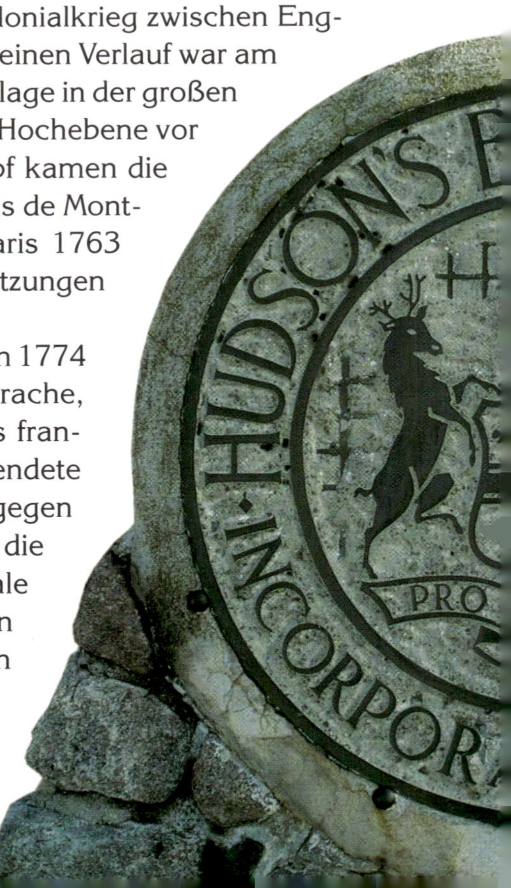

1812–14 kam es zum Krieg zwischen Kanada und den USA, die angreifenden Amerikaner konnten aber zurückgeschlagen werden. Die britischen Truppen drangen sogar bis in die amerikanische Hauptstadt Wash-

Das museale Lagerhaus in Fort St. James, British Columbia, gibt einen Eindruck davon, wie sich der Pelzhandel bei der Hudson's Bay Company abgespielt hat.

ington vor und ließen 1814 das Weiße Haus in Flammen aufgehen. 1818 konnten sich die damals streitbaren Nachbarn auf eine gemeinsame Grenze auf dem 49. Breitengrad einigen.1821 gelang der Hudson's Bay Company ein großer Erfolg: Sie fusionierte mit der rivalisierenden North West Company, die vor allem den arktischen Norden kontrollierte und erreichte damit ihre historisch größte Ausdehnung.

Während all dieser Jahre hatte sich an der Westküste, quasi im Schatten der Ereignisse im Osten, die britische Herrschaft etabliert. James Cook war 1778 der erste Engländer, der an der nördlichen Pazifikküste landete. Er war auf der Suche nach einer vermeintlichen West-Ost-Passage, die Juan de Fuca bereits 1592 in die Karten einer spanischen Expedition eingetragen hatte. Es wird vermutet, de Fuca habe die Einfahrt in die Meeresstraße zwischen dem Festland und Vancouver Island irrtümlich für die Passage gehalten. Cook wurde von einem schweren Sturm auf See hinausgetrieben und lief dann im Nootka Sound von Vancouver Island ein, um seine Schiffe zu reparieren. Wie fast überall auf seinen Weltreisen entwickelte er auch hier gute Beziehungen zu den Einheimischen. Die Indianer tauschten Pelze gegen Metall. Cook stieß später vor bis zur Beringstraße und zur Eisgrenze, ehe er zum Überwintern nach Hawaii zurückkehrte. Dort kam der große Navigator im Streit mit den Polynesiern um.

Vor allem die wertvollen Otterpelze lockten bald darauf britische und amerikanische Händler an die Pazifikküste, in Nootka Sound gründe-

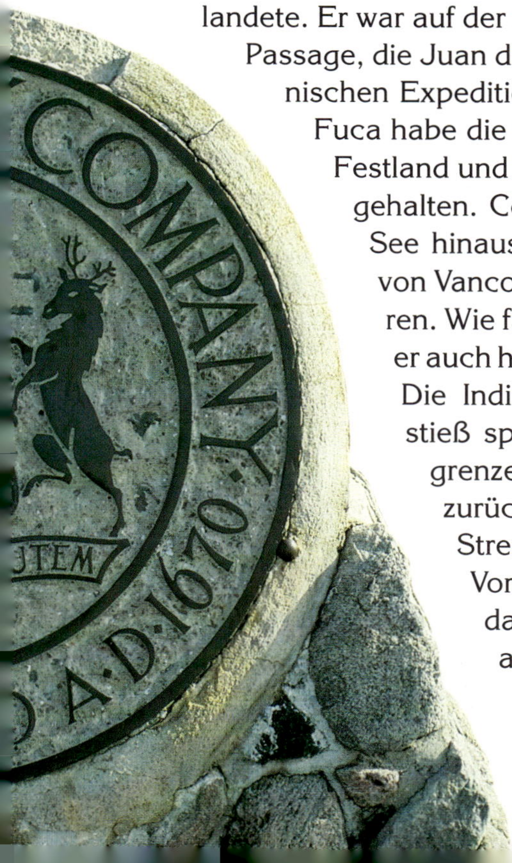

Der Tod von General Montgomery nach der Schlacht um Québec.

ten sie ein Fort. 1789 entsandten die Spanier, die bis dato ein Handelsmonopol im Westpazifik hatten, ein Kriegsschiff. Die Briten mußten daraufhin Nootka Sound räumen, ihre Schiffe wurden spanische Beute. Darüber kam es fast zum Krieg zwischen Spanien und Großbritannien. Schließlich gaben die Spanier nach, und London entsandte George Vancouver, einen Reisegefährten von James Cook, in den Nordpazifik. Er erreichte, daß sich die Spanier auf das Land südlich des Columbia River zurückzogen. Die Küste nördlich von Sitka, Alaska, war im Besitz der Russen. Vancouver schließlich beanspruchte das Terrain dazwischen für Großbritannien: British Columbia.

Im Jahr 1793 erkundete Vancouver die Mündung des Bella Coola River, nur etwa einen Monat, ehe Alexander Mackenzie denselben Ort von Osten her auf dem Landweg erreichte. Nun war auch eine Überlandroute für den Pelzhandel gefunden. Simon Fraser erforschte 1805 einen zusätzlichen Weg über den nach ihm benannten Fluß und erbaute mit Fort Mcleod den ersten Handelsposten im Inneren von British Columbia. Der Anschluß an den Rest des Landes war geschafft, aber auf Jahrzehnte hinaus noch nicht gesichert. Das geschah erst mit Vollendung der transkontinentalen Eisenbahn: 1885 wurde auf dem Eagle Pass der letzte Nagel in die Schwellen der durchgehenden Gleisstrecke eingeschlagen. Damit war das Versprechen der östlichen Provinzen zur Gründung eines gemeinsamen Staats erfüllt.

Bereits zuvor war der 1. Juli 1867 zum offiziellen Gründungsdatum des Staates Kanada geworden. An diesem Tag hatten sich die Provinzen Kanada (Québec und Ontario), New Brunswick und Nova Scotia zusammengeschlossen. Einige Jahr später folgten Manitoba, British Columbia und Prince Edward Island. 1885 wurde das verbindende Element des jungen Staates, die transkontinentale Eisenbahn, vollendet. Zwanzig Jahre später entstanden aus den Ländereien der Hudson's Bay Company die Provinzen Saskatchewan und Alberta, die Company wurde zu einem reinen Wirtschaftsunternehmen, das heute noch Warenhäuser und andere Geschäfte betreibt. Newfoundland schloß sich erst 1949 dem Bund der kanadischen Provinzen an. Der arktische Norden, das Yukon Territory und die Northwest Territories, wurden und werden bis heute direkt aus der

Relikt: Mit solchen Red River Carts brachten die Pioniere der Kolonialzeit Versorgungsgüter zu den Handelsposten der Hudson's Bay Company im Innern Kanadas. Ihre spezielle Bauart – alles, Räder und Achsen, aus Holz – machte es möglich, sie jederzeit und überall zu reparieren. Zur Überquerung von Flüssen konnten sie sogar zu Flößen umgebaut werden. Das abgebildete Exemplar ist eines der Prachtstücke im rekonstruierten Fort Edmonton, einem Freilichtmuseum.

Hauptstadt Ottawa regiert. Aus dem westlichen Teil der Northwest Territories wurde 1999 die Inuit-Provinz Nunavut.

Die Geschichte Kanadas im 20. Jahrhundert war in der ersten Hälfte geprägt von den beiden Weltkriegen, in denen das Land an der Seite der Alliierten kämpfte. Es war aber auch die Epoche, in der Kanada seine staatliche Unabhängigkeit erlangte: Das »British Dominion« wurde 1931 zu einem souveränen Staat. Kanada blieb aber bis heute im »Commonwealth of Nations«, dem globalen Zusammenschluß ehemaliger britischer Kolonien, deshalb ist die englische Königin weiterhin das offizielle Staatsoberhaupt des Landes.

Die zweite Hälfte des 20. Jahrhunderts war innenpolitisch gezeichnet von den separatistischen Tendenzen Québecs, die der damalige französische Staatspräsident Charles de Gaulle bei einem Besuch in Montréal am 24. Juli 1967 mit dem Ausruf »Vive le Québec libre!« unterstützte und anfeuerte. Die Bundesregierung versuchte fortan trotz heftiger Kritik vor allem in den westlichen Provinzen, die Frankokanadier mit Zugeständnissen in der Union zu halten – ein Konflikt, der seiner endgültigen Lösung immer noch harrt.

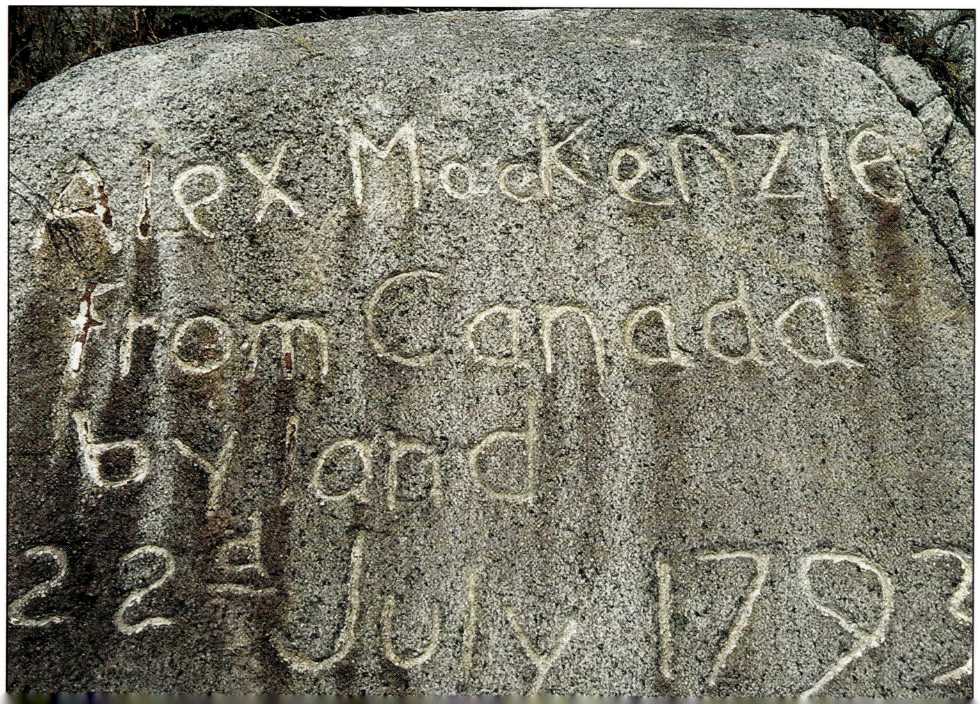

Souvenir: Kontinent-Durchquerer Alexander Mackenzie hinterließ seine Grafitti bei Bella Coola am Pazifik.

Das »Weinland« der Wikinger

War der erste Kanadier ein Ire? St. Brendan, der »Navigator«, soll bereits im 6. Jahrhundert unserer Zeitrechnung die nordamerikanische Küste erreicht haben. Die Saga des irischen Mönches beschreibt jenseits des »groén Meers« ein Land, das in etwa der Küstenlandschaft der Insel Neufundland gleicht. Bei aller Heiligkeit – die Wissenschaft hat immer bezweifelt, ob der fromme Seefahrer tatsächlich bis nach Amerika vorgedrungen ist. Immerhin hat ein irischer Landsmann Brendans, Tim Severin, vor einigen Jahren bewiesen, daß man mit einem Schiff, wie es Brendan benutzt hätte, von Europa bis an Kanadas Gestade vordringen kann. Dennoch: Die Historiker reihen Brendans Besuch in der Neuen Welt in die Legenden ein, nach denen sogar schon lange vor dem Iren phönizische Kaufleute oder Handelsfahrer aus Karthago an der Küste im amerikanischen Nordosten angelangt seien.

Wissenschaftlich erwiesen ist hingegen, daß die Wikinger erstmals vor etwa tausend Jahren in Nordamerika waren und dort sogar überwintert haben. Das haben Grabungen in L'Anse-aux-Meadows nahe der Nordwestspitze Neufundlands bezeugt. In den sechziger Jahren legte der norwegische Forscher Helge Ingstad gemeinsam mit seiner Frau Anne Stine ein Wikingerlager frei, neufundländische Historiker hatten sie zu der Stätte geführt, an der heute die rekonstruierten Wikingerbauten zu besichtigen sind.

Auch heute präsentiert sich Newfoundland – zumindest im Sommer – mit einladenden Küsten. Als einst die Wikinger hier vermutlich als erste Europäer an Land gingen, mag das Klima noch milder als heute gewesen sein.

Sind die grasbedeckten Hütten das sagenhafte »Vinland«, von dem die Saga des Leif Eriksson berichtete? Im rauhen Klima Neufundlands wachsen heute sicher keine Weintrauben. Aber zeigen nicht auch andere Funde, daß vor tausend Jahren eine Wärmeperiode dem Norden ein angenehmes Klima gab? Gewiß, dennoch vermuten die Archäologen das »Weinland« weiter südlich. Sie nehmen an, daß die Wikinger weite Küstenstriche im Nordosten erkundeten und womöglich bis in die Gegend des heutigen Boston, wenn nicht gar bis zu den heutigen US-Staaten North und South Carolina oder nach Florida vorstießen. Das mag auch andere Angaben in den nordischen Heldenepen bestätigen. So könnte »Markland«, das Waldland, zu Labrador gehören, und »Helluland«, das Steinland, war wahrscheinlich Baffin Island.

Leif und seine Nachfolger sind wahrscheinlich regelmäßig von Grönland aus an die amerikanische Küste gesegelt. Warum sie sich vermutlich rund 300 Jahre nach ihrer Ankunft wieder nach Europa zurückzogen, ist bis heute ungeklärt. Wahrscheinlich verschlechterte sich das Klima zu dieser Zeit im Norden erneut. Aber auch Feindseligkeiten der einheimischen Indianer und Inuit mögen dazu beigetragen haben, die Wikinger nicht auf Dauer heimisch werden zu lassen. Eines ist jedoch gewiß: John Cabot und Christoph Kolumbus kamen mit ihren Expeditionen viel zu spät, um Amerika zu »entdecken«.

Die lange Suche nach der Nordwest-Passage

Eigentlich war Amerika immer nur ein Hindernis auf dem kürzesten Weg zwischen Europa, Chinas Schätzen und den Reichtum verheißenden Gewürzinseln Asiens. Kolumbus suchte 1492 ebenso eine Route ins Land, in dem der Pfeffer wächst, wie fünf Jahre später John Cabot, der als der »Entdecker« Kanadas gilt.

So suchten denn auch die Navigatoren der folgenden Jahrhunderte immer wieder Wasserstraßen quer durch den neu gefundenen Kontinent. Der hohe Norden schien den erfahrenen Seeleuten stets besonders erfolgverheißend zu sein, auch wenn das massive Eis, die unerträgliche Kälte und die monatelange Winternacht die große Aufgabe erschwerten.

Vor allem die britische Krone setzte auf den vermuteten arktischen Seeweg: Sir Hugh Willoughby stach 1553 als erster mit diesem spezifischen Auftrag in See. Er war auch der erste, der scheiterte – ein Schicksal, das anderen unter den großen britischen Seehelden ebenfalls nicht erspart blieb. Martin Frobisher unternahm 1577 und 1578 drei Versuche, einen Weg durch die Schollen und Eisberge zu finden. John Davis, der Erfinder des Quadranten, drang zwischen 1585 und 1587 auf drei Expeditionen in die Eiswüste vor.

Baffin und Bylot erreichten 1616 den 74. Breitengrad, und Baffin war überzeugt, »that doubtless theare is a passadge«. Drake, Hudson und Cook gehörten zu den weltberühmten Kapitänen, die im hohen Norden ihr Glück versuchten und die Durchfahrt in den Orient. Im 19. Jahrhundert nahmen Ross, Parry und schließlich Sir John Franklin Kurs auf die Arktis. Franklin, dem Sten Nadolny in seinem Roman »Die Entdeckung der Langsamkeit« ein Denkmal setzte, ging 1845 mit seiner Expedition, zwei Schiffen und 134 Mann, spurlos verloren. Die Suche nach dem Seehelden machte in der ganzen Welt Schlagzeilen. 1850 ging Robert McClure mit der »HMS Investigator« auf die Suche nach Franklin und seinen Männern. Er fand Zeugnisse, die ihn von ihrem Tod überzeugen mußten; er fand aber auch eine Route durch das Gewirr von Inseln und Untiefen. Aber auch McClure konnte das Eis nicht überwinden.

Schneemobile auf dem Winter-Highway. Den Entdeckern vergangener Jahrhunderte standen solch moderne Fortbewegungsmittel noch nicht zur Verfügung.

Weißer Norden: Eisberge in der zugefrorenen See.

Das gelang erst zwischen 1903 und 1905 dem Norweger Roald Amundsen, der auf seiner Reise durch die Nordwest-Passage zweimal überwintern mußte. Aber da schienen die wirtschaftlichen Chancen, die den Aufwand rechtfertigen konnten, längst Geschichte zu sein. Das änderte sich jedoch wieder, als in der Arktis Öl entdeckt wurde. 1969 bahnte sich der mit Alaska-Öl beladene Supertanker »Manhattan« seinen Weg durch die Passage und demonstrierte den kommerziellen Wert der Route.

Die Fahrt der »Manhattan« machte auch auf einen politischen Streitfall aufmerksam, der bis heute nicht endgültig gelöst ist: Wem gehört die Nordwest-Passage? Nach gängigem Seerecht müßte sie selbstverständlich Kanada zugesprochen werden. Aber das haben die USA vor allem aus militärischen Gründen bis heute nicht anerkannt. Für sie ist die Route Allgemeinbesitz wie die hohe See.

Inzwischen ist die Fahrt durch die nur im Hochsommer passierbare Meeresstraße schon beinahe Routine, vor allem für kleinere Privatboote. Selbst die Kreuzfahrer haben dieses »exotische« Fahrtgebiet inzwischen entdeckt. Daß die Passage aber immer noch eine nicht ganz ungefährliche Strecke ist, bewies nicht zuletzt das deutsche Urlauberschiff »Hanseatic«, das 1996 auf eine Kiesbank unter Wasser auffuhr. Die glimpflich verlaufene Havarie wurde von den evakuierten Passagieren größtenteils als »tolles Abenteuer« gewertet.

Eisenbahn zur Einheit

Statt des Ahornblattes, das Kanada als Symbol nationaler Einheit in der Flagge führt, könnte dort auch eine Dampflok abgebildet sein. In keinem anderen Land hat die Eisenbahn so viel zur Staatsgründung beigetragen wie im Commonwealth of Canada. Allein das »stählerne Band« zwischen Atlantik und Pazifik ließ die Provinzen zu einer Union zusammenwachsen.

New Brunswick und Nova Scotia traten der Konföderation 1867 erst bei, nachdem ihnen ein Bahnanschluß vertraglich zugesichert worden war. Noch bedeutsamer war in den folgenden Jahren eine gleichartige Zusage an British Columbia, denn sie war gleichbedeutend mit dem Bau einer transkontinentalen Strecke. Dabei galt es nicht nur, die immense Hürde der Rocky Mountains zu überwinden, auch die von unzähligen Flüssen durchzogene Felsenplatte des Kanadischen Schildes erforderte gewaltige technische und finanzielle Anstrengungen.

Andererseits verhieß eine solche Bahnlinie satte Profite. Deshalb planten auch gleich zwei Unternehmen den gewaltigen Eisenbahnbau. Die »Canadian Pacific Railway« (CPR) konnte nach elfjähriger Bauzeit und großen staatlichen Zuschüssen 1885 den ersten Zug auf die lange Reise schicken, die konkurrierende »Canadian Northern« hatte eine weiter nördlich verlaufende Strecke im Visier: 1915 verlegte sie die letzte Schwelle. Aber die Kosten für dieses Netz überforderten die »Canadian Northern« und andere private Bahngesellschaften. Aus ihnen entstanden deshalb 1917 bis 1923 die staatlichen »Canadian National Railways« (CNR).

Kanada ist seither eines der wenigen großen Länder, das man per Eisenbahn durchqueren kann, wenn es auch keinen durchgehenden Zug mehr gibt von Nova Scotia bis British Columbia. Aber die Fahrt mit dem »Canadian« über rund 4 500 Kilometer von Toronto bis Vancouver ist immer noch eine der Attraktionen, die Touristen aus aller Welt anlockt. Und für die noch fehlenden etwa 1 500 Kilometer lange Ostroute gibt es Verbindungen via Montréal nach Halifax.

Das »stählerne Band« der Eisenbahngleise hat den Staat Kanada erst geschaffen und dann zusammengehalten. Bahn-Souvenirs wie Fotos von der historischen »White Pass & Yukon Railway« sind deshalb ebenso gefragt wie nostalgische Fahrten, etwa bei der »East Kootenay Railway Company« in Fort Steele (links und Mitte).

Daß die Bahn vor allem als Frachttransporteur auch heute noch eine große Bedeutung hat, beweisen endlose Güterzüge auf Überlandstrecken wie im Thompson River Canyon.

Der »Canadian« rollt auf der Nordroute via Edmonton und über den Yellowhead Pass durch die Rocky Mountains. Auf der alten Südroute zwischen Vancouver, Banff und Calgary ist seit einigen Jahren in den Sommermonaten der »Rocky Mountaineer« unterwegs; sein Fahrplan enthält nur Tagesfahrten, damit die Touristen mehr zu sehen haben. Eher auf den einheimischen Verkehr abgestimmt, aber von Touristen zunehmend geschätzt, ist der »Hudson Bay« zwischen Winnipeg und Churchill an der riesigen Bucht des arktischen Eismeers im Norden, die dem Zug ihren Namen gab.

So kann man alle drei Ozeane, die Kanada umgeben, auf Gleisen erreichen. Wie könnte es auch anders sein in einem Land, dessen offizielles (aus einem Psalm entlehntes) Motto lautet: »A Mari usque ad Mare« – von Ozean zu Ozean.

III Nach dem großen Fischzug: Hoffnung für die Maritimes

Newfoundland: die jüngste Provinz

»Robben! Robben – ich kann es nicht mehr hören.« Dave hieb auf den Tisch des Coffeeshops, daß die Kaffeebecher hüpften. »Erst fressen uns die Robben die Fische weg, dann jagen wir ein paar, um wenigstens mit ihren Fellen einige Dollars zu machen. Und dann schreit die ganze Welt Mörder und will uns die Robben-Ernte verbieten. Da, schau raus, dann siehst Du es«, sagte er erregt und wies in Richtung Fenster, hinaus zum Hafen von St. John's. »Die Fischerboote, die da liegen, laufen kaum noch

Bunte Häuser sind typisch für kleine Hafenorte an der Ostküste wie Petty Harbour bei St. John's in Newfoundland.

»*Maritimes*« werden die vier kanadischen Provinzen an der Atlantikküste genannt: New Brunswick, Newfoundland, Nova Scotia und Prince Edward Island.

aus. Die Kabeljau-Bestände müssen angeblich geschützt werden. Für wen?« Dave stieß nach einer kurzen Atempause die Antwort heraus: »Für die Robben. Für die verdammten Robben.«

Daß es wohl eher die gnadenlose Überfischung war, der die einst unermeßlichen Kabeljauschwärme vor Neufundland und der Mündung des St.-Lorenz-Stroms zum Opfer fielen, paßt nicht in Daves Gedankenwelt. Er sieht nur die 30 000 Fischer, die seit dem Fangverbot für Kabeljau von 1992 kaum noch etwas verdienen, denn es gibt nicht viele andere Fische in diesem Seerevier, die King Cod, König Kabeljau, ersetzen können. Da sind die elf Millionen Dollar, die Robbenfelle und Seehundpenisse für den asiatischen Potenzmittelmarkt alljährlich einbringen, eine willkommene Einnahme in Kanadas Armenhaus.

Die Bilder, auf denen Robbenbabies, die *whitecoats*, wegen ihres weißen Felles mit Baseballschlägern totgeprügelt werden, die Berichte, wonach Robben das Fell bei lebendigem Leib abgezogen wird – sie sind für Dave und viele seiner Landsleute in Neufundland bösartige Erfindungen der Tierschützer. »Die Regierung kontrolliert uns genau. Wir haben feste Jagdquoten. Alle Tiere werden erschossen und nicht erschlagen. *Whitecoats* sind tabu. Und es stimmt auch nicht, daß die Robbenkadaver weggeworfen werden. Alles muß verarbeitet werden. Geht doch in den nächsten Supermarkt, da liegen Robbensteaks und Robbenwurst. Und im übrigen: Kein Mensch würde sich um die Viecher kümmern, wenn die nicht so süße Babygesichter hätten.«

Es herrscht ein wenig Tristesse in St. John's, der Hauptstadt von Newfoundland, die Arbeitslosigkeit ist bedrückend. Jetzt hoffen alle auf die reichen Nickellager in Labrador, dem Festlandsteil der Provinz, und die Öllagerstätten im Meer vor der Insel, die der Provinz ihren Namen gab. Aber es wird sicherlich noch Jahre dauern, ehe diese Bodenschätze abgebaut werden und damit neue Arbeitsplätze entstehen.

So richten sich die kurzfristigen Hoffnungen auf den Tourismus. Mit dem Wikingerdorf von L'Anse-aux-Meadows, der ersten europäischen Siedlung in Nordamerika, und dem ausgedehnten, von fast skandinavischer Schönheit geprägten Nationalpark Gros Morne hat die Provinz einiges zu bieten. Gros Morne wurde 1987 von der UNESCO sogar zum »Welterbe« erklärt. Eine Attraktion verspricht auch der »East Coast Trail« zu werden, ein 340 Kilometer langer Wanderweg auf Neufundland, auf dem einst Indianer auf Handels- oder Kriegspfaden wandelten. Der von dichtem Tuckamore-Gestrüpp überwucherte Trail wird seit 1992 abschnittsweise von den Insulanern freigelegt, ihr Vorbild ist der »West Coast Trail« auf Vancouver Island im Pazifik vor British Columbia.

Der Terra Nova National Park auf der Insel Neufundland ist ein beliebtes Revier für Kanuten.

Bei Twillingate auf Neufundland schieben sich die Eisberge in Steinwurfweite am Land vorbei.

Doch Newfoundland tut sich schwer mit dem Tourismus, international (wie alle Provinzen am Atlantik) wegen der Robbenjagd, in Kanada, weil die Provinz so abgelegen ist. Und dann sind da noch die »Newfie-Witze«, die in ganz Kanada kursieren und etwa den deutschen Ostfriesenwitzen entsprechen. Strickmuster: Ein Mann aus St. John's kommt nach Hause und erzählt, er sei dem Bus hinterhergelaufen. So habe er einen Dollar Fahrgeld gespart. Darauf seine Frau: »Warum bist du nicht hinter einem Taxi hergelaufen? Dann hättest du fünf Dollar gespart.«

Die Newfie-Experten haben auch eine Erklärung dafür, warum Kanadas erste Provinz als letzte dem kanadischen Staatenbund beigetreten ist. Neun Prozinzen schlossen sich zwischen 1867 und 1905 zusammen. Newfoundland folgte erst 1949, weil, so die matte Pointe, die Newfies erst dann gemerkt hatten, daß es den Staat Kanada gab. Auf dessen Wetterkarte sorgt übrigens die Insel Neufundland im Winter oft für Überraschungen: Hier, wo man selbst im Juni noch Eisberge vor der Küste entlangziehen sieht, herrscht oft ein recht mildes Wetter mit Temperaturen um den Gefrierpunkt, wenn der größte Teil des Landes unter 20 oder mehr Grad minus stöhnt.

Angler, Jäger, Wanderer und Camper zieht es in die Provinz, die es, gemessen an der Fläche, auf mehr Seen und Flüsse bringt als alle anderen Provinzen. Weite wildnisartige Wälder charakterisieren Newfoundland,

Bay St. Lawrence heißt der kleine Fischereihafen in der Nähe von Cape North, dem nördlichsten Punkt von Nova Scotia. Von hier aus starten auch Boote zu Walbeobachtungstouren um das Kap herum.

das sich in einer außergewöhnlichen Pflanze symbolisch darstellt: in der fleischfressenden *pitcher plant*. In Europa sind andere Symbole bekannter, der »Neufundländer« und der »Labrador«, zwei große Hunderassen, die von Pyrenäen-Hunden abstammen und vermutlich von baskischen und englischen Fischern eingeführt wurden.

Die einheimische Fauna ähnelt der anderer kanadischer Provinzen: Große Karibuherden ziehen durchs Land, *moose*, die nordamerikanischen Elche, leben zu Tausenden in den Wäldern, auch an Schwarzbären mangelt es nicht. Und im Sommer, wenn sich die Wale vor Neufundland tummeln, ist Cape Spear, der östlichste Punkt Nordamerikas, ein idealer Platz, um die Meeresgiganten zu beobachten.

Nova Scotia: die Dudelsack-Provinz

Île Royale, Louisbourg, Halifax, New Glasgow – die Ortsbezeichnungen spiegeln Nova Scotias bewegte Geschichte und den ständigen Wechsel zwischen französischer und britischer Herrschaft wider. Acadia nannten die ersten französischen Siedler ihre neue Heimat in der Neuen Welt, vermutlich in der Folge schlampiger Geographen, die einen Landstreifen an der Küste des heutigen US-Staates Delaware mit dem altgriechischen Arkadien verglichen. Die »Acadiens« mußten aber nach dem endgültigen Sieg der Briten Mitte des 18. Jahrhunderts ihre Heimat verlassen, weil sie dem britischen König keine Loyalität schwören wollten. Über 15 000 Menschen wurden nach Europa und in andere Teile Amerikas vertrieben, viele hundert kamen um. Der amerikanische Dichter Henry Wadsworth Longfellow hat Kanadas dunkelste Stunde in seinem populären Gedicht »Evangeline« verewigt.

Die englische Krone ließ die Halbinsel und die vorgelagerte Île Royale daraufhin gezielt von Engländern, Iren und vor allem von Schotten besiedeln. So kam das Land zu seinem Namen, der lateinischen Bezeichnung für »Neu-Schottland«. Aber auch deutsche Siedler wurden angeworben von den britischen Herrschern, die vor allem bei ihren Vettern in Niedersachsen auf die Suche gingen. So kam Nova Scotia zu dem hübschen Städtchen Lunenburg, in dem einst die berühmten Fischerboote von Nova Scotia entstanden.

Die Fischerei sorgte hier, wie in den anderen »Maritimes«, für Wohlstand. Auch die Kohleminen des Landes füllten die Kassen und sorgten für die schmucken historischen Bauten in Halifax. Die Hauptstadt war wegen ihrer Nähe zu Europa aber auch einer der wichtigsten Häfen Nordamerikas. Deshalb entstand in Halifax mit der Cunard-Reederei eine der wichtigsten Schiffahrtsgesellschaften Kanadas.

Der Hafen hatte überdies eine große strategische Bedeutung, ein Umstand, der Halifax eine der größten Katastrophen Amerikas erleben ließ: Im Ersten Weltkrieg, am Nikolaustag 1917, rammte um 8.45 Uhr das belgische Schiff »Imo« im Hafen von Halifax den französischen Munitionstransporter »Mont Blanc«. Der Frachter flog mit fast 2 800 Tonnen Sprengstoff in die Luft. Ganze Stadtteile wurden zerstört, über 1 600 Menschen kamen um. Noch im hundert Kilometer entfernten Truro drückte die Explosionswelle die Fensterscheiben ein. Aus den Überresten der

Die Kirche wurde wie die gesamte Festung Louisbourg in Nova Scotia detailgetreu restauriert.

»Mont Blanc« entstand das Denkmal vor der Halifax North Memorial Library. Gut acht Jahrzehnte später erlebte die Provinz eine weitere Katastrophe: Vor dem hübschen Touristenort Peggy's Cove stürzte im September 1998 ein Swissair-Jet ins Meer. Zwei schlichte Denkmäler erinnern in der Bucht an die 229 Toten.

Doch zurück in die Jahre nach dem Zweiten Weltkrieg, in dem Halifax wieder eine wichtige Rolle spielte. Nova Scotias wirtschaftliche Blüte war danach aber nicht von langer Dauer. Die Ozeandampfer fuhren mit Öl statt mit Kohle, die Transatlantik-Passagiere stiegen von den Cunard-

Facetten von Nova Scotia: Der kleine Hafen Lunenburg ist, wie der Name vermuten läßt, eine Gründung deutscher Auswanderer (oben).
Die Provinzhauptstadt Halifax verbindet die Pflege ihrer baulichen Tradition, symbolisiert durch die Old Town Clock, mit moderner Hochhaus-Effizienz (Mitte).
Das Fischerörtchen Peggy's Cove besticht hingegen wie Lunenburg durch seinen alten Bilderbuchcharme (unten).

Indian Summer-Idylle in Nova Scotia:
Die alte Holzsägemühle bei Sherbrooke.

Anlegen im Museum: die Hafenpier von Louisbourg.

Dampfern auf die schnelleren Flugzeuge um. Schließlich mußte die Fischerei weitgehend eingestellt werden. Wie Newfoundland hofft Nova Scotia jetzt auf die Erdöl- und Erdgasfunde vor der Küste. Immer wichtiger wird aber auch der Tourismus, was nicht zuletzt eine direkte Flugverbindung zwischen Frankfurt und Halifax beweist.

Da macht sich auch der Rückgriff auf die Historie bezahlt, sei es mit schottischen Dudelsackbands und Mode im Tartanmuster, sei es mit französischen Rezepten für die Zubereitung der frischen einheimischen Hummer. Auch die drei meistbesuchten Sehenswürdigkeiten der Provinz sind Relikte der Geschichte: Die massige Zitadelle oberhalb des Hafens von Halifax, die teilweise wiederaufgebaute, einst riesige Festung Louisbourg an der Einfahrt in den St.-Lorenz-Strom, und schließlich Port-Royal, ein Nachbau der ersten französischen Siedlung. Alle drei Stätten sind historische Nationalparks, in den Sommermonaten sieht man dort Führer in historischen Kostümen herumlaufen, bisweilen gibt es auch Sonderveranstaltungen, zum Beispiel nächtliche Ermittlungen nach einem scheinbar historischen Mordfall.

»Die drei historischen Stätten sind unsere Juwelen«, sagte Ann-Marie, die uns in Halifax bei unserer Routenplanung beriet. »Leider liegen sie weit voneinander entfernt. Deshalb haben wir zehn verschiedene *Trails and Drives* geschaffen, die unsere historischen Sehenswürdigkeiten ebenso erschließen wie unsere Landschaft für Wanderer und Angler. Louisbourg liegt beispielsweise am Fleur-de-lis Trail, Port-Royal am Evangeline Trail.« Ann-Marie verabschiedete uns mit einem überraschenden Gruß: »Have a nice bonjour.«

New Brunswick: die Lumberjack-Provinz

»Das Land ist so gut und fein, so pflügbar und so voller schöner Felder und Wiesen, wie wir es nie zuvor gesehen haben«, notierte Jacques Cartier, als er 1534 erstmals in die Chaleur Bay segelte. Dennoch ist New Brunswick in Kanada stets eine der wenig beachteten Provinzen geblieben – international ist sie sogar weitgehend unbekannt, wenn man es nicht gerade mit Spezialisten aus der Papierbranche zu tun hat. Die ausgedehnten Wälder der 1784 von Nova Scotia abgetrennten Provinz haben stets für mehr als ein gutes Einkommen gesorgt, im 19. Jahrhundert waren es vor allem die in Saint John gebauten Schiffe und die in alle Welt exportierten Planken für den Schiffbau.

So ist es nicht verwunderlich, daß in New Brunswick der kanadische Mythos von den *lumbermen* entstand, von den kräftigen Burschen, die einst mit Äxten oder Sägen die Baumriesen fällten. Ihnen verdankt das Land die *lumberjacks*, jene schweren Wolljacken in kräftigen Karos und Farben, die zu einer Art kanadischer Nationaltracht wurden.

Es waren die »Loyalisten«, die New Brunswick zu einer eigenständigen Provinz machten, jene treuen Untertanen des britischen Throns, die nach dem amerikanischen Unabhängigkeitskrieg aus den USA vertrieben worden waren. Vielleicht hatten sie mehr Verständnis für die von ihren Landsleuten in Nova Scotia vertriebenen »Acadiens«, jedenfalls arrangierten sich beide Gruppen relativ problemlos in New Brunswick, wo etwa 40 Prozent der Bewohner Französisch als seine Muttersprache bezeichnet.

Der maritime Staat ist somit die einzige wirklich zweisprachige Provinz in Kanada, überall sonst ist das Englische oder das Französische so dominant, daß die staatlich verordnete Zweisprachigkeit eigentlich eine Farce ist. Die Regierung in Fredericton nimmt sie jedoch ernst, sie ist auch peinlich bemüht, den nördlichen französischsprachigen Landesteilen die gleichen Mittel zukommen zu lassen wie dem englischsprachigen Süden.

Das geht so weit, daß sogar je ein historisches Touristendorf für Loyalists und Acadiens nachgebaut wurde. King's Landing ist eine Siedlung mit etwa 60 Gebäuden aus den Jahren 1790 bis 1870, die in anderen Landesteilen ab- und am Saint John River oberhalb von Fredericton wieder aufgebaut wurden. Das Village Historique Acadien bei Caraquet im Nordostzipfel der Provinz ist nach demselben Prinzip in den acadischen Landesteilen zusammengetragen worden.

Das Village Acadien liegt an der Nordküste am »Acadian Coastal Drive«, in einer Region, die sich zunehmend auf Angebote im Öko-Tourismus spezialisiert. King's Landing ist hingegen eine der großen Attraktionen

In Campbellton (New Brunswick) »springt« der »größte Lachs der Welt«.

Im Leuchtturm von Grande-Anse hat das Touristikbüro ein pittoreskes Gehäuse gefunden.

Im Village Historique Acadien bei Caraquet haben sich drei Damen in musealem Tuch gewandet.

des »River Valley Scenic Drive«, der weitgehend dem Verlauf des Saint John River folgt. »Wir nennen ihn den *most pittoresque river in Atlantic Canada,* und wir Burschen hier in New Brunswick neigen wahrlich nicht zu Übertreibungen«, erklärte uns ein Einheimischer mit Nachdruck, der im King's Landing in historischen Gewändern überzeugend einen alten Farmer gab. »Und wenn ihr weiterfahrt, vergeßt nicht die Brücke von Hartland. Sie ist mit 390 Metern die längste überdachte Brücke der Welt.«

Noch spektakulärer ist allerdings der »Fundy Coastal Drive« an der Ostküste, die auch mit einem Superlativ aufwarten kann: In der Bay of Fundy wird der höchste Tidenhub der Welt gemessen. Im Durchschnitt liegt der Unterschied zwischen Ebbe und Flut bei zwölf Metern, der Rekord lag bei 18,7 Metern. In der Stadt Saint John bildet der gleichnamige Fluß bei Ebbe einen Wasserfall, bei Flut sorgt das andrängende Meer für einen »umgekehrten Wasserfall«. Und beim Cape Hopewell haben die enormen Fluten eine Reihe von Bögen und Felsensäulen aus der Steilküste herausgespült. *Flowerpots* nennen die Kanadier diese skurrilen Formationen, auf denen oft Büsche und Bäume wachsen.

Prince Edward Island: die Kartoffel-Provinz

»Anderswo gibt es verschwenderische Landschaften und eine größere Natur; aber gemessen an reiner, ruhevoller Lieblichkeit ist es unübertroffen.« So schrieb Lucy Maud Montgomery. Ihr ist es zu verdanken, daß Kanadas bei weitem kleinste Provinz – 0,1 Prozent der gesamten Landesfläche – international auf die Landkarte kam. Was nicht heißt, daß das 220 Kilometer lange Eiland im Golf des St.-Lorenz-Stroms im eigenen Land immer geographisch registriert wird: 1987 verschickte das kanadische Außenhandelsministerium Landkarten, auf denen die Provinz schlicht vergessen worden war.

Die Insulaner wußten eigentlich immer schon, daß denen in Ottawa nicht zu trauen ist. Deshalb war auch die Brücke, die P.E.I., wie die Insel meist abgekürzt wird, mit New Brunswick verbindet, dort höchst umstritten. Die Tatsache, daß die eigenen Landwirtschaftsprodukte zu konkurrenzfähigeren Preisen auf die kanadischen Märkte kommen und vielleicht mehr Urlauber in der Vor- und Nachsaison anreisen sollten, ließ schließlich eine Mehrheit für die Brücke stimmen. 1997 wurde das eindrucksvolle, rund 14 Kilometer lange Bauwerk eröffnet.

Seither kann »Spud Island«, die Kartoffelinsel, die Kunden auf dem Festland besser bedienen: Die vergleichsweise kleine Insel ist, gemeinsam mit New Brunswick, der größte Kartoffelproduzent Kanadas. In der sandigen roten Erde gedeiht die Knolle besonders gut. Deshalb sind die Insulaner auch nicht erzürnt, wenn andere Kanadier spotten, Prince Edward Island sei »ein Kartoffelacker zwischen zwei Sandstreifen«. Verweist der Spruch doch auf die andere Attraktion, die vorzüglichen Sandstrände, die alljährlich einen Großteil der 800 000 Sommertouristen anlocken und damit den 130 000 Insulanern die meisten Arbeitsplätze bescheren.

»Allerdings, ein wenig mehr Respekt hätten wir schon verdient«, knurrte die Bibliothekarin in der Hauptstadt Charlottetown, mit der wir über das Sommerbadeinsel-Image diskutierten. »Schließlich ist in unserer Stadt das ganze Kanada entstanden.« Unsere fragenden Mienen erfreuen die Bücherfrau, sie erklärt gerne: »Hier, im Province House, tagte 1864 eine Konferenz, die ursprünglich nur die Atlantik-Provinzen zusammenbringen sollte. Doch die *Fathers of Confederation* entwickelten dann sogar Pläne für ein Kanada vom Atlantik bis zum Pazifik. Ihr könnt es euch anschauen, ein klassizistisches Gebäude, einst gebaut für das Provinzparlament.«

Wir fragten die belesene Lady natürlich auch nach Anne. »Das ist schon ein ziemlicher Rummel. Ein hübsches Kinderbuch, literarisch aber eher von begrenztem Wert. Doch was soll's, Lucy verdanken wir Millionen von Dollars, die unser armes Inselchen gut gebrauchen kann.« Wir sind wieder bei Lucy Montgomery, die 1847 auf P.E.I geboren wurde und 1908 »Anne of Green Gables« veröffentlichte. Die teils autobiographische, aber größtenteils fiktive Geschichte von dem rothaarigen Waisenmädchen, das auf der Insel in einem Haus mit grünen Giebeln eine Familie findet, ist seither in der englischsprachigen Welt ein Bestseller. In Japan wird es im Unterricht gelesen, deshalb reisen jährlich Tausende von Japanern an, um Annes Heimat zu erleben.

Die Insel hat sich darauf eingestellt. Das Geburtshaus der Autorin in New London ist ebenso ein Museum wie ihr Wohnhaus in Cavendish und das Haus ihres Onkels in Park Corner. Daneben gibt es noch ein Lucy Maud Montgomery Heritage Museum, und etwa ein Sechstel der Insel firmiert seit einigen Jahren als Anne's Land. Verschiedene Herbergen haben sich grüne Giebel zugelegt, seit gut 35 Jahren läuft allsommerlich das Musical »Anne of Green Gables never changes«, in einer Figurinenfabrik können sich Mädchen als Anne verkleiden und selbstverständlich gibt es auch Anne-Kartoffelchips.

Flach und freundlich: Kanadas kleinste Provinz Prince Edward Island im Golf von St. Lorenz.

Der 1835 errichtete Leuchtturm von Cape Spear bei St. John's auf der Insel Neufundland steht auf einer 65 Meter hohen Klippe. Als östlichster Punkt des amerikanischen Kontinents ist die Anlage, eine »National Historic Site«, eine wichtige Kommunikationsstation mit den Schiffen auf hoher See.

Der Untergang der »Unsinkbaren«

Mehr als 85 Jahre lang war es ruhig auf dem Fairview Friedhof in Halifax, dann beendete Hollywood die Stille. Seit »Titanic« einer der erfolgreichsten Streifen der Filmgeschichte wurde, läßt sich kaum ein Halifax-Besucher das einfache Grab mit der Nummer 227 und dem Namen J. Dawson entgehen. Vor allem Teenager legen Blumen, Kinokarten, Plüschtiere oder andere Mementos an der Grabstätte nieder.

James Dawson ist einer der 150 Toten, die nach dem Untergang der »Titanic« vor Newfoundland auf drei Friedhöfen in Halifax beerdigt werden konnten. Am 15. April 1912, seinem Todestag, war er Kohlenschlepper an den Kesseln des Luxusdampfers. Man weiß wenig von ihm. Er hatte dunkelblonde Haare, trug einen Lippenbart, stammte aus Southampton und war 23 Jahre alt – wie Leonardo DiCaprio, der junge Held in der Hollywood-Verfilmung. Mehr haben beide nicht miteinander gemein, die Liebesgeschichte an Bord ist reine Fiktion.

Auf dem Friedhof von Halifax sind nicht nur einige der Titanic-Opfer, sondern auch die Bürger aus der Gründergeneration begraben.

Dennoch hat sich das Grab zu einer Pilgerstätte entwickelt. Auch die Stadtväter von Halifax und die Provinzregierung haben auf das neu erwachte Interesse am Untergang der »Titanic« reagiert. Für rund 600 000 Dollar sollen der Fairview Friedhof hergerichtet und die Titanic-Ausstellung im Maritime Museum ausgebaut werden. Die »Haligonians« – so nennen sich die Bewohner der Hauptstadt – hoffen, daß sich damit in Kanada wieder würdige Formen des Erinnerns an die Katastrophe durchsetzen.

Zum ersten Jahrestag des Untergangs »nach Hollywood« hatte beispielsweise ein Club in Toronto zu einem Gala-Dinner eingeladen. Für 250 Dollar wurde das Menü serviert, das den Erster-Klasse-Passagieren an Bord des Luxusliners vor dem Untergang aufgetragen wurde: Frühlingssuppe St. Germain, Filet vom Atlantiklachs, Filet Mignon mit Sauce Madeira und Spargelsalat, frische Früchte und Käse, Sherry, Weine und alter Port. Und ein Rundfunksender in Toronto lud am selben Abend für 9.99 Dollar ein zu Hammel- und Schweinefleisch oder Kabeljau mit Kartoffeln – das Abendessen in der dritten Klasse des Leonardo DiCaprio.

Eine Milliarde für die Nr. 1

In Revelstoke in British Columbia überquert der Trans-Canada Highway den Columbia River auf einer eleganten Hängebrücke.

Irgendwann rollt fast jeder Tourist, der in Kanada mit dem Auto unterwegs ist, auch einmal über den Trans-Canada Highway. Aber kaum einer weiß, daß er die längste nationale Straße der Welt unter den Pneus hat.

Exakt 7 775 Kilometer ist der »National Highway 1« lang. Er beginnt in St. John's auf Neufundland und endet in Victoria auf Vancouver Island in British Columbia. Nicht mitgezählt sind die Fährüberfahrten zu den beiden Inseln an der Atlantik- und der Pazifikküste. Die damals enorme Summe von mehr als einer Milliarde Dollar hatte der Trans-Canada Highway gekostet, als 1970 der letzte Meter asphaltiert war.

Die offizielle Eröffnung der Straße war bereits im Juli 1962 auf dem Rogers Pass in British Columbia zelebriert worden. Damals waren allerdings noch mehr als 3 000 Kilometer ohne Asphaltdecke. Aber mit der Paßstrecke war immerhin einer der schwierigsten Abschnitte der nationalen Piste geschafft: Am Rogers Pass fällt im Winter bis zu 12,5 Meter Schnee. Deshalb mußten aufwendige Schutzvorrichtungen gebaut werden, eine technische, aber auch finanzielle Herausforderung.

Die Idee zum Trans-Canada Highway war bereits anno 1910 entstanden, in den jungen Jahren des Automobils also. Aber jahrzehntelang fehlte es an Geld in den Kassen der Bundesregierung in Ottawa und der Provinzregierungen. Deshalb dauerte es 60 Jahre, bis die »Nr. 1« fertiggestellt war – statistisch ergab das immerhin 130 Kilometer pro Jahr.

Zwei Flecken France

Gibt es noch französisches Territorium in Nordamerika? Die Frage kann kaum ein Amerikaner beantworten. Selbst viele Franzosen sind damit überfordert. Aber viele Kanadier in den Maritimes wissen die Antwort: Saint-Pierre-et-Miquelon. Die beiden winzigen Eilande liegen etwa 30 Kilometer vor der Südküste der Insel Neufundland und sind in der Tat ein ureigenes französisches Land.

Die Inseln und sechs winzige Landflecken ringsum waren zeitweise sogar ein richtiges französisches Département wie alle anderen Landkreise zwischen Calais und Marseille, mit allen Rechten und Pflichten. Aber weil den etwa 6 000 Franzosen auf ihren 241 Quadratkilometer großen Felsen im Atlantik die Pflichten zuviel wurden, ließen sie ihre Heimat zu einer »Collectivité Territoriale« zurückstufen. An den Finanzmitteln aus Paris, von denen das »Archipel« weitgehend lebt, hat die »Degradierung« nichts geändert.

Wie die meisten solcher geographischen Kuriosa ist auch dieses kleine Stück Frankreich den Wirren der Geschichte zu verdanken. Mit dem Frieden von Paris 1763 blieben der zuvor großen, glorreichen Kolonialmacht in Nordamerika nur noch Saint-Pierre und Miquelon als Zufluchtsstätten für ihre Fischer.

Der Fischreichtum vor Newfoundland sorgte denn auch zwei Jahrhunderte lang für den Wohlstand der Insulaner – bis die leergefischten Gewässer vor Kanada 1992 weitgehend gesperrt wurden. Seither hoffen die transatlantischen Franzosen auf Touristen: Baguette und Beaujolais im Original.

Aber außer einem kleinen Museum auf Saint-Pierre, wo die große Mehrzahl der Bewohner lebt, gibt es auf den Inseln nicht viel zu sehen. Um so mehr haben aber die »Saint-Pierrais« zu erzählen: etwa von den profitablen Tagen der Prohibition in Nordamerika, als die Inseln zu Umschlagplätzen für Whiskey und sonstiges Hochprozentiges wurden. Damals besuchte selbst Al Capone die Inseln.

Oder sie erzählen von den rund 750 Schiffen, die dank tückischer Untiefen rings um die Inseln auf Grund liegen. Von vielen konnten die Insulaner noch vor dem Untergang Teile der Ladung bergen. Das »Geschäft« war derart einträglich, daß die Inselbewohner, so eine heftig dementierte Information, ihr Vieh mit umgebundenen Laternen herumliefen ließen, um die Steuermänner ins Verderben zu locken. So findet sich manch Wertvolles oder Exotisches in den Häusern der Fischerleute. Die zahlreichen Wurlitzer Jukeboxes in den guten Stuben verdankt die Insel allerdings der ausgefallenen Radaranlage der »Transpazifik« aus Hamburg. Das Schiff strandete 1971.

Zu den nicht gerade sympathischen und deshalb oft verschwiegenen Stories gehört eine Geschichte, die zur Jahrtausendwende ein makabres Jubiläum feiert: Anno 1900 erlebte das Archipel seinen ersten und bislang einzigen Mord. Zur Exekution des Täters wurde damals eigens eine Guillotine von der Karibikinsel Martinique herbeigeschafft. Da aber der eilig ernannte Henker, ein trunksüchtiger Gefängnisinsasse, mit dem Fallbeil nicht zurechtkam, mußte der Mörder schließlich mit einem Metzgermesser entleibt werden.

Eigentlich eine gute Voraussetzung für einen tourismusfördernden Geist, der hin und wieder durch die Gassen spukt. Aber darauf werden die cleveren »Saint-Pierrais« und die »Miquelonnais« sicher schon noch von selbst kommen.

IV Québec libre – oder: Canada mit französischem Akzent

»Je me souviens« – jeder traditionsbewußte Bürger Québecs kennt das Motto unter dem Wappen seiner Provinz. »Ich erinnere mich« – aber wenige »Québécois« wissen, woran sie sich eigentlich erinnern sollen. Als der Architekt Eugène Taché 1883 diesen Satz auswählte, dachten er und seine Zeitgenossen an die glorreichen Zeiten der französischen Monarchie. Heute glauben die meisten französischsprachigen Bürger der Provinz, sie sollten nicht vergessen, daß ihr Land von den Briten erobert wurde und ihre französische Kultur und Sprache verdrängt werden sollte. Ein Gedanke, der die separatistischen Ideen in Québec immer noch nährt.

Historisch berechtigt ist dieser Vorwurf nur in geringem Maß, denn die Sieger ließen den Besiegten sowohl ihr kulturelles und sprachliches Eigenleben als auch ihr französisches Rechtssystem und schließlich – damals nicht unwichtig – ihren katholischen Glauben neben der anglikanischen Religion der Briten. Neuerer Art sind die Klagen, Québec werde im Vergleich zu anderen Provinzen wirtschaftlich benachteiligt. In der Tat, die Provinz hat in den letzten Jahrzehnten an Wirtschaftskraft verloren. Aber auch dies ist bedingt durch die Tendenzen, sich aus dem kanadischen Staatsverbund auszuklinken. Daraufhin haben viele Unternehmen ihre Hauptquartiere aus Québec nach Ontario verlagert. Toronto überflügelte so Montréal als ökonomische Kapitale des Landes.

Aus Millionen von Lichtpunkten setzt sich die nächtliche Skyline von Montréal zusammen. Die Metropole der Provinz Québec ist die zweitgrößte Stadt Kanadas.

GREENLAND (DENMARK)
ALASKA (USA)
YUKON TERRITORY
NORTHWEST TERRITORIES
NUNAVUT
CANADA
BRITISH COLUMBIA
ALBERTA
SASKATCHEWAN
MANITOBA
ONTARIO
QUÉBEC
NEWFOUNDLAND
NEW BRUNSWICK
NOVA SCOTIA
PRINCE EDWARD ISLAND
UNITED STATES OF AMERICA
WASHINGTON
OREGON
IDAHO
MONTANA
WYOMING
NEVADA
UTAH
NORTH DAKOTA
SOUTH DAKOTA
NEBRASKA
MINNESOTA
IOWA
WISCONSIN
MICHIGAN
PENNSYLVANIA
NEW YORK
VERMONT
NEW HAMPSHIRE
MAINE
Atlantic Ocean
Hudson Bay
Baffin Bay
James Bay
Foxe Basin
Hudson Strait
Lancaster Sound
Viscount Melville Sound
Amundsen Gulf
Great Bear Lake
Great Slave Lake
Lake Athabasca
Lake Winnipeg
Lake Superior
Lake Huron
Lake Michigan
Lake Ontario
Lake Erie
Gulf of St. Lawrence
Rocky Mountains
Coast Mountains
Mackenzie Mtn.
Richardson Mts.
Inuvik
Dawson City
Carmacks
KLUANE N.P.
Watson Lake
STIKINE PLATEAU WILDERNESS P.
MT. EDZIZA PARK
KWADACHA WILDERNESS P.
Prince Rupert
TWEEDSMUIR PROV. PARK
Fort Simpson
Yellowknife
Fort Providence
Hay River
Fort Nelson
WOOD BUFFALO NAT. PARK
High Level
Fort St. John
Fort Mackay
Prince George
BOWRON LAKE P.P.
WELLS GRAY P.P.
Port Hardy
Port McNeill
STRATHCONA P.P.
Comox
Vancouver
Richmond
Port Renfrew
Victoria
Kamloops
Vernon
Kelowna
Osoyoos
Jasper
JASPER NAT. PARK
BANFF NAT. PARK
Banff
Lake Louise
Calgary
Athabasca
Edmonton
Drumheller
DINOSAUR P.P.
Medicine Hat
Lethbridge
Cypress Hills P.P.
Moose Jaw
Regina
PRINCE ALBERT NAT. PARK
Battleford
North Battleford
Batoche Nat. Hist. Park
Saskatoon
Kinoosao
NIPAWIN P. PARK
GRASS RIVER P. PARK
CLEARWATER LAKE P. PARK
The Pas
DUCK MTN. P. PARK
RIDING MTN. NAT. P.
WHITESHELL P. PARK
Lower Fort Garry
Winnipeg
Churchill
POLAR BEAR PROV. P.
WINISK WILD RIVER P. PARK
Thunder Bay
QUETICO P.P.
PUKASKWA NAT. PARK
MASSINAIBI LAKE P.P.
LAKE SUPERIOR P.P.
Sudbury
Sault Ste. Marie
Ottawa
Kingston
Toronto
Waterloo
Kitchener
Stratford
London
St. Catherines
Niagara Falls
Buffalo
Windsor
Detroit
Toledo
Cleveland
Iqaluit
Hebron
Nain
Cartwright
Happy Valley-Goose Bay
Churchill Falls
Labrador City
Sept-Îles
Rimouski
Alma
Québec
Montréal
Gaspé
PARC DE LA GASPÉSIE
L'Anse aux Meadows
Long Range Mtn.
GROS MORNE NAT. PARK
Corner Brook
Gander
Grand Falls
St. John's
CAPE ST. MARY'S
AVALON
Grand Bank
Port aux Basques
Chéticamp
Sydney
Louisbourg
Charlottetown
Fredericton
Saint John
Windsor
Halifax
Lunenberg
Shelburne
Yarmouth
Augusta
Boston
Albany
New York
Seattle
Portland
Great Falls
Bismarck
Duluth
Saint Paul
Minneapolis
Casper
Milwaukee
Chicago
CANADA
USA
7.30 Uhr Newfoundland
2 Uhr
3 Uhr
4 Uhr
5 Uhr
6 Uhr
7 Uhr
8 Uhr
Bezug: MEZ 12 Uhr
400 km
N

Québec City verzaubert zu jeder Jahreszeit, behaupten die Bürger der Provinz-Hauptstadt. Das gilt gewiß auch für den Winter, wenn sich das Packeis auf dem St.-Lorenz-Strom staut und die Eisarchitektur zum Winter Carnival bittet (links). Im Sommer stehen die kanonengesäumte Promenade beim Château Frontenac (oben) und die Kutschen in der Altstadt bei den Touristen hoch im Kurs.

Training für den großen Tag: Zum Programm des Winter Carnival in Québec City gehört auch ein Ruderrennen zwischen den Eisschollen.

So fühlen sich viele Québécois isoliert wie auf einer Insel. Québec ist mit 1,54 Millionen Quadratkilometern allerdings eine recht große Insel: Die Provinz, die eine Ost-West-Ausdehnung von deutlich über 1 500 Kilometern und eine Nord-Süd-Länge von fast 2 000 Kilometern hat, bedeckt gut 15 Prozent der kanadischen Fläche. Sie ist größer als Deutschland, Frankreich und Großbritannien zusammen. Dieses riesige Territorium wird nur von rund sieben Millionen Menschen bewohnt, etwa 80 Prozent scharen sich entlang des St. Lawrence River zusammen. Das hat angesichts des rauhen und im Winter eisig kalten Nordens klimatische, aber auch historische Gründe.

»Hier am Strom entstand Kanada überhaupt erst«, sagte Jacques und deutete auf die imponierende Kulisse von Québec City. Der junge Public Relations-Spezialist hatte uns mit seinem Boot auf den St. Lawrence hinausgenommen. »Französische Jäger, Bauern und Missionare haben die ersten Siedlungen angelegt und Kultur in die Wildnis gebracht«, bemerkte er mit unüberhörbarem Stolz. »Québec ist Kanadas älteste Stadt, schon Jacques Cartier hat hier 1535 ein Camp angelegt. Er hat auch den Namen von den Indianern übernommen, Kebec bedeutet Stromenge. Aber wichtiger war noch die strategische Lage. Der Felsen am Ufer erlaubte die Kontrolle des St. Lawrence, und der war im 16. und 17. Jahrhundert der wichtigste Weg ins Innere des Landes.«

Die Silhouette der Stadt, zweifellos eine der schönsten in Nordamerika, wird geprägt von der Oberstadt mit ihrer Zitadelle und dem Château Frontenac, einem 1892 im Stil eines Schlosses erbauten Hotel, in dem 1943 die Invasion der Alliierten in der Normandie geplant wurde. Die Promenade, die am Rand des Felsens verläuft, bietet eindrucksvolle Blicke über den Strom und die historische Unterstadt. »Québec ist voller Museen, Kirchen und historischer Sehenswürdigkeiten. Schließlich sind wir die einzige Stadt auf diesem Kontinent, die noch eine intakte Stadtmauer hat«, sagte Jacques und drosselte den Motor seines kleinen Bootes. »Geht auch mal durch den Parc des Champs-de-Bataille neben der Zitadelle. Dort entschied sich Kanadas Schicksal, weil die Briten 1759 die Franzosen binnen zwanzig Minuten besiegten. Aber laßt euch trotzdem Zeit für einen Bummel durch die Kopfsteinpflaster-Gassen, für ein Glas Rouge im Bistro oder im Straßencafé.«

Jacques griff wieder zu seinem Fernglas, um die relativ großen Ruderboote auf dem Fluß zu beobachten. Warum, fragten wir neugierig. »Sie trainieren für den Winter Carnival. Dann müssen sie mit ihren Booten über alle Eisschollen weg und durch das vielleicht noch offene Wasser. Einer meiner Kunden sponsert das Rennen.« Und was ist bitte der Winter Carnival? »Das ist das größte Winterfestival der Welt. Dann übernimmt Bonhomme, eine Art Schneemann, die Herrschaft in der Stadt. Vor dem Provinzparlament wird sein Palast aufgebaut, aus Tausenden von Eisblöcken. Überall wird gefeiert, und es gibt neben zwei Nachtparaden auch Rennen mit Autos, Schneemobilen und Hundeschlitten. Der Höhepunkt ist die Nacht der langen Messer, wenn Künstler ihre Plastiken aus Eis schnitzen.«

In Montréal hat man einen anderen Umgang mit den harten und schneereichen Wintern gefunden: Die Millionenstadt ist in ihrem Zentrum untertunnelt. In dieser »Ville Souterraine« finden sich neben den U-Bahn-Zu-

Ein wahrer »Québécois« trotzt Schnee und Eis mit blanker Haut – zumindest beim Winter Carnival.

Québecs Jugend verzichtet im Winter auf die Rollen unter dem Board. Die Landsleute im Führerscheinalter zieht es hingegen hinaus zu Skidoo-Safaris (rechts).

Wer ist schneller, wer kommt weiter? Auch kräftiger Schneefall mindert nicht die Freude am Rodelwettbewerb während des Winter Carnivals in Québec City.

Bienvenue
loto-québec

Nachts, wenn die Sonne nicht an den Kunstwerken der Eis-Skulpteure leckt, strahlen die frostigen Phantasien im Scheinwerferlicht einen besonderen Reiz aus – echt cool!

Die Zeiten, da mächtige Kuppeln Montréals Horizont prägten, sind angesichts der Bürowolkenkratzer längst Vergangenheit.

gängen Geschäfte und Restaurants aller Art, fast alle großen Bürotürme, viele Museen, Theater, Kinos und zahlreiche Hotels haben direkte Zugänge zu der unterirdischen Stadt. So können die Montréaler aus ihren geheizten Garagen direkt in die Parkhäuser der Innenstadt fahren und von dort unbehelligt von der Winterkälte direkt in ihre Büros laufen. Auch im schwülheißen Sommer ist der rund 40 Kilometer lange Irrgarten sehr geschätzt.

Das Kerngebiet der Ville Souterraine liegt unter der City mit den Hochhäusern der Wirtschaft. Es ist für Touristen das vielleicht uninteressanteste Stadtviertel, attraktiver sind fraglos die Altstadt am St. Lawrence River und der 230 Meter hohe Mont-Royal hinter der City, der Montréal den Namen und einen schönen Aussichtspunkt über Stadt und Strom gab.

Vieux-Montréal war einst ein reiches Quartier, weil hier viele der Pelze auf Hochseeschiffe umgeladen wurden, die von Trappern und Indianern aus dem Inland herbeigebracht worden waren. Später wurde Montréal der Haupthafen für Ost-Kanada, bis es der St. Lawrence Seaway erlaubte, Waren tief ins Landesinnere zu verschiffen. Zahlreiche historische Bauten wie die Banque de Montréal, die Basilika Notre-Dame und das Seminar Saint-Sulpice an der Place d'Armes spiegeln diesen Wohlstand wider.

Auch das zweite Zentrum der Altstadt, die Place Jacques-Cartier, ist umringt von fotogener historischer Architektur. Ein Gebäude, das Hôtel de Ville von 1878, hat auch einen Platz in der jüngeren Geschichte: Vom Balkon des Rathauses hielt Charles de Gaulle 1967 seine für die Einheit Kanadas so verhängnisvolle Rede für ein »Québec libre«. Französische Touristen machen die Kutscher in den Pferdewagen auf diese Rede auch mit dem entsprechenden Nachdruck aufmerksam. Bei kanadischen Besuchern aus den englischsprachigen Provinzen wird dieser Hinweis meist taktvoll übergangen. Und wie ist es mit den vielen Amerikanern, die zu Besuch kommen? Unser Kutscher grinst: »Da sage ich nichts, sonst muß ich immer erklären, wer Charles de Gaulle war.«

Die »Illuminated Crowd« vor dem BNP Tower ist eines der ungewöhnlichsten Monumente in Montréals Geschäftsviertel.

Aber britische Touristen kann der Mann am Zügel glücklich machen, schließlich ziert den Platz eine Statue für Admiral Nelson – und das in der zweitgrößten französischsprachigen Stadt der Welt. Montréaler britischer Herkunft hatten das Denkmal nach dem Sieg des Seehelden bei Trafalgar spendiert.

»Habitat '67« heißt die ungewöhnliche Wohnanlage, die der Architekt Moshe Safdie 1967 zur Weltausstellung in Montréal errichtete.

Auf einer der über 200 Inseln im St. Lawrence, auf der Île Sainte-Hélène, hat Montréal 1967 die EXPO veranstaltet. Aus der Weltausstellung wurde ein ausgedehnter Freizeitpark, der immer noch vom EXPO-Symbol Biosphère überragt wird. Das Meisterwerk des Ingenieurs Richard Buckminster Fuller, ein 20 Stockwerke hoher Kugelbau mit 80 Metern Durchmesser, hat zwar seine Plexiglashülle 1978 bei einem Brand verloren. Aber auch offen ist die Kugel mit ihren ökologischen Stationen attraktiv.

Die benachbarte Insel Notre-Dame ist künstlich angelegt, unter anderem, um Platz zu schaffen für den Circuit Gilles-Villeneuve, die Piste, auf der alljährlich das Formel-1-Autorennen um den Großen Preis von Kana-

»Biosphère« nannte Richard Buckminster Fuller den 80 Meter hohen Kugelbau, der zum Symbol der Weltausstellung wurde.

Die konventionelle Ziegelarchitektur in der Altstadt von Montréal hat durch bunte Farben einen neuen, heiteren Charakter erhalten.

da ausgetragen wird. Die Ruderer und Kanuten finden auf der Insel im Olympischen Bassin ein ideales Trainingsgelände. Angelegt wurde es für die Olympischen Sommerspiele 1976.

Das Olympiastadion im Stadtviertel Maisonneuve hat Montréal zwar einen Schuldenberg, aber auch ein einzigartiges Bauwerk hinterlassen, einen bewußt schief gebauten 190 Meter hohen Turm, der das Dach des Stadions halten sollte. Die kleine Seilbahn, die zur Aussichts-Plattform hinauffährt, ist zu einer Touristenattraktion geworden. Ähnliches gilt für das einstige Radstadion zu Füßen des Turms, aus dem ein Biodôme mit künstlichen Klimazonen für Pflanzen und Tieren wurde. Hier kann man

Stadion und Tour olympique, die Signaturbauten der Olympischen Spiele 1976, locken noch heute viele Architekten nach Montréal.

Aussichtsreich: Häuser am Ufer des St.-Lorenz-Stroms sind in Québec begehrte Immobilien.

gemächlich vom tropischen Regenwald zur Arktis bummeln – für letztere empfiehlt sich ein dicker Pulli. Das Biodôme ist verbunden mit dem benachbarten 73 Hektar großen Botanischen Garten, auf den Montréal ähnlich stolz ist wie auf die Olympiabauten.

Wenn es um große Projekte geht, greift die Stadt gerne tief in ihre Schatullen, auch wenn jahrzehntelange Schulden drohen. Der Botanische Garten, angelegt in der Depression der dreißiger Jahre, ist dafür ebenso ein Beispiel wie EXPO und Olympia. Umso ungerechter empfinden die Montréaler es, wenn der britische englische Poet Rupert Brooke immer noch zitiert wird, der nach einem Besuch 1913 schrieb, Montréal bestehe wohl aus Banken und Kirchen: »Die Menschen in dieser Stadt verbringen viel Zeit damit, Reichtümer für diese oder die nächste Welt zu stapeln.«

»Brooke hat hier offenkundig mit wenig Menschen geredet«, sagte unsere Stadtführerin Marie-José nachsichtig, als wir sie auf das Zitat ansprachen. »Er hätte sonst gemerkt, daß die Montréaler hauptsächlich an einem interessiert sind: an großen Feiern. Vor allem im Sommer vergeht kaum eine Woche, wo nicht irgendwo in der Stadt ein Festival steigt.« Sie zählte an ihren Fingern ab: »Internationale Feuerwerks-Meisterschaft im Juni und Juli, Jazzfestival und Komödiantenschau, beide im Juli, das internationale Treffen frankophoner Musiker, die Feinschmeckerwochen und das Internationale Filmfestival, alle im August. Und dann die 100 Tage moderner Kunst, die im September beginnen – das sind die wichtigsten, die mir jetzt gerade einfallen.«

Im Park auf dem Mont-Royal führte uns Marie-José durch einen Baustellen-Slalom. »Sorry, aber der Garten wird wieder so hergestellt, wie ihn Frederick Olmsted einst angelegt hat.« Olmsted, der Architekt des Central Park in New York? »Genau, für den Mont-Royal war uns nichts zu teuer.« *Chipmonks*, die gestreiften kleinen Vettern der Eichhörnchen, huschten über den Weg. »Wir nennen sie Schweizer, weil sie aussehen wie die gestreifte Schweizer Garde im Vatikan.«

Viele Sprachen, viele Namen: Die Micmac-Indianer nennen die Gaspé-Halbinsel das »Ende der Welt«. Wie sollten sie auch wissen, daß hinter der Landspitze mit dem spektakulär durchbohrten Felsen mehr als Meer zu finden war. Von dort kamen jene neuen Siedler, die sich auf der langgestreckten felsigen Halbinsel ohne Probleme mit den Ureinwohnern niederlassen konnten. Die reichen Fischgründe gaben allen ein reiches Auskommen, einen Streit um Land gab es also nicht. Erst die britischen Truppen vertrieben die Franzosen von der Gaspésie, später sollten sich dort vornehmlich Vertriebene niederlassen – »Acadiens« aus Nova Scotia und »Loyalists« aus den Vereinigten Staaten.

Dieses friedliche britisch-französische Zusammenleben ist der Halbinsel gut bekommen. Obschon das Land bereits seit Jahrhunderten besiedelt ist, wirkt es immer noch weitgehend naturbelassen. In den Bergen wurde einige Jahre lang Kupfer abgebaut, aber die Minen sind längst wieder stillgelegt und der dichte Wald im Landesinneren überwuchert sie. Von dem weithin unberührt wirkenden Land profitiert heute der Tourismus, das wichtigste Gewerbe.

Doch auch an der Straße, die über rund 600 Kilometer entlang der Küsten verläuft, gibt es kaum touristischen Rummel, selbst in Percé nicht, dem kleinen Ort an dem pittoresk durchlöcherten Kalksteinbrocken im Meer, der in kaum einer Broschüre für Kanada fehlt. Die Sehenswürdigkeiten sind denn auch schnell aufgezählt: In Ste.-Flavie ein Informationszentrum über Lachse, die hier trotz eines Kraftwerkdamms in einem kleinen Fluß bergauf bis zu ihren Laichgründen geleitet werden – notfalls mit der »Salmon-Limo«, einem Lieferwagen, der die Fische in Tanks am Damm vorbeifährt. Nahe bei Ste.-Flavie erwarten im Sommer die Métis Gardens Tausende von Besuchern, ein eindrucksvoller Park, den einst eine blumenversessene Millionärin anlegte.

Der schmucke rote Leuchtturm von La Martre ist ein beliebter Fotostopp. In Bonaventure informiert das Québec Acadian Museum über die französischen Aspekte der Halbinsel; im nahen New Richmond illustriert das Gaspesian British Heritage Centre, ein Freiluftmuseum mit 15 Originalbauten, die Geschichte der Loyalisten auf der Halbinsel. Am Ende

Der Leuchtturm von Pointe-au-Père auf der Gaspé-Halbinsel wird durch den alten Kutter zu seinen Füßen noch fotogener.

Im Sommer wie im Winter eine Augenweide: der Rocher Percé an der Spitze der Gaspé-Halbinsel.

der Chaleur Bay südlich der Halbinsel fand 1760 eine der wichtigen Seeschlachten zwischen Franzosen und Briten statt. Die Briten zerstörten beim Battle of Ristigouche den gesamten französischen Flottenverband. Ein kleiner Nationalpark erinnert an die Schlacht, das Informationszentrum des Parks bietet einen schönen Blick über die Bucht.

Wichtiger aber als die von Menschenhand geschaffenen Attraktionen sind auf der Gaspésie die der Natur, insbesondere im Gaspésie Park und im Forillon National Park an der Spitze der Halbinsel. Der rund 800 Kilometer große Gaspésie Park erstreckt sich über die Bergmassive im Landesinneren und gipfelt im 1 150 Meter hohen Mount Albert. Rings um den Berg erstreckt sich ein biologisches Kuriosum, die südlichste Tundra-Landschaft Amerikas, in der sogar eine Karibu-Herde lebt. Die Bergmassive sind die nördlichsten Ausläufer der Appalachen-Kette, die sich an der amerikanischen Ostküste bis nach Georgia hinunterzieht. Es ist daran gedacht, den »Appalachian Trail«, einen Fernwanderweg, der zur Zeit noch im US-Staat Maine endet, durch New Brunswick bis auf die Gaspé-Halbinsel und bis Percé weiterzuführen.

Der süße Saft des Ahorns

In den Parks im kanadischen und amerikanischen Osten sind die grauen amerikanischen Eichhörnchen allgegenwärtig. »Sie hätten eigentlich ein Denkmal verdient«, sagte Marie-José, als wir mit ihr durch den Park auf Montréals Mont-Royal schlenderten. »Schließlich haben sie den *maple syrup* entdeckt. Und was wäre das Land zwischen Québec und Vermont ohne den einzigartigen Ahorn-Sirup?«

Weil die Indianer gesehen hatten, daß die Eichhörnchen im Frühjahr an den Ahornbäumen lecken, kamen sie schnell darauf, wann und wie man den süßen Saft der *maples* aus den mächtigen Bäumen gewinnt. Die Europäer, die im Gefolge von Cartier und den Pilgervätern ins Land kamen, lernten es von den Ureinwohnern: Im späten Winter, wenn die Tage schon sonnig und warm, die Nächte aber wolkenlos und steinkalt sind, schießt in den *maples* der Saft im Stamm empor. Vor allem der *sugar maple* produziert viel und besonders süßen Saft. Deshalb wurden die Stämme angezapft, damit er in kleine angehängte Eimer fließen konnte. Diese wurden regelmäßig in große Fässer entleert, die in die »Zuckerhütte« transportiert wurden. Ein personalintensives und damit teures Ernteverfahren. Inzwischen sind die Zapfstellen in den Borken über grüne Plastikschläuche mit einem zentralen Sammelbottich verbunden.

Der *sap* wird dann in den *sugarhouses* eingekocht, bis er sich zu süßem Sirup verdickt. *Maple syrup* gibt es in verschiedenen Qualitäts- und Preisklassen, in der Regel ist dunkler Sirup besser und teurer als die helleren Sorten, die aber auch nicht ganz billig sind. Deshalb ist der süße *syrup*, den man überall in Nordamerika mit den *pancakes* zum Frühstück aufgetischt bekommt, ein preiswerter Ersatz auf der Basis von Mais.

Die *sugaring season* entwickelt sich in Ost-Kanada und in Neuengland allmählich zu einer kleinen Touristenattraktion. Viele Orte bieten inzwischen *sugaring tours* an, bei denen die Gäste meist mit Pferdewagen durch den hohen Schnee in den Wald gefahren werden. Im *sugarhouse* verfolgen sie dann die Umwandlung des *sap* in *syrup*. Und natürlich gibt es auch für sie, was seit Jahrhunderten Kinder und Erwachsene gleichermaßen erfreut: Snow and Maple Syrup. Dann wird frischer Schnee auf einem Tisch ausgebreitet und heißer Sirup darüber gegossen. Und alle »Süßmäuler« stürzen sich anschließend mit Holzstöckchen oder Gabeln auf das Dessert, das Mutter Natur höchstpersönlich angerichtet hat.

Der Ahorn, dessen Blatt die Nationalflagge ziert, sorgt mit unendlich vielen Farbtönen für die Pracht des kanadischen Herbstes.

Es gibt sie noch, die Mohikaner

»Als die weißen Männer kamen, hatten wir das Land und sie die Bibeln. Nun haben sie das Land und wir die Bibeln.« Derart sarkastisch kommentierte Häuptling Dan George noch Anfang der siebziger Jahre das Schicksal seiner indianischen Brüder. In Kanada kam es zwar nicht zu den großen Schlachten zwischen den Ureinwohnern und den Eindringlingen, wie sie die USA erlebten. In den meisten Fällen wurden die Landrechte über Verträge mit den Stämmen geregelt – was aber nicht bedeutet, daß es dabei für die Indianer sehr viel gerechter zugegangen wäre ...

Im wesentlichen kann man die Stämme Kanadas in vier Gruppen aufteilen: Indianer der Nordwestküste, der Prärie, der Wälder im Osten und der subarktischen Gebiete im hohen Norden. Die Stämme an der klimatisch milden Pazifikküste litten keinen Mangel an Nahrung und konnten deshalb eine prägnante eigene Kunst entwickeln. Insbesondere an den phantasievoll und ausdrucksstark geschnitzten Totempfählen wird der Kunstsinn dieser seßhaften Stämme deutlich. Es handelt sich auf dem Festland überwiegend um Kwakiutl- und auf den Queen Charlotte Islands um Haida-Indianer.

Die Stämme in der kanadischen Prärie, vorwiegend Assiniboine und Sioux, lebten zwangsläufig nomadisch, denn sie mußten mit ihrer Hauptnahrung, den Büffelherden, mitziehen. Sie hatten nur wenig Möglichkeiten, eine eigenständige Kunst zu entwickeln. Diese bezog sich auf praktische Gegenstände, die auf der Reise keinen zusätzlichen Ballast bedeuteten, etwa Zierrat auf Kleidungsstücken oder Waffen. Nomadisch lebten auch die Indianer in der Subarktis, die den Karibu-Herden folgten; das waren in erster Linie Chipewyan, aber auch Stammesgruppen der Blackfoot und der Cree. Relativ seßhaft waren hingegen wieder die Indianer in den wildreichen Wäldern des Nordostens, die Mehrheit der Cree, die Ojibwa, Huronen, Mohikaner, Abenaki, Micmac und Beothuk.

Viele selbst größere Stämme wie die Ojibwa leben heute ohne besonderen Einfluß in ihren Reservaten in Kanada oder den USA. Eine Ausnahme sind die Cree, mit etwa 70 000 Mitgliedern das größte Indianervolk Kanadas. Sie wohnen rings um die Hudson Bay und vor allem in Nord-Québec. Dort haben sie eine vergleichsweise effiziente Wirtschaftsstruktur bis hin zur eigenen Regional-Fluggesellschaft (»Air Creebec«) entwickelt. Die Cree spielen auch eine politisch gewichtige Rolle: Sie haben angekündigt, daß sie ihr ausgedehntes Stammesgebiet aus der Provinz herauslösen werden, wenn Québec sich vom kanadischen Staatsverband abtrennt. Diese Drohung hat nicht nur territoriale, sondern auch ökonomische Bedeutung, denn im Cree-Land liegen die gewaltigen Wasserkraftwerke an der James Bay. Deren Bau und Betrieb wurde zwar mit den Cree und den Inuit (Eskimos) der Region vertraglich geregelt. Diese Vereinbarung betrachten die Indianer aber als ungültig, wenn Québec nicht mehr zu Kanada gehören sollte.

Powwow nennen die Indianer Nordamerikas ihre großen Stammestreffen. Dann legen sie, wie hier in Bragg Creek, Alberta, ihren alten, oft noch von den Vorfahren geerbten Federschmuck an. Bei vielen Powwows sind Touristen heutzutage gern gesehene Zaungäste.

Cuisine Canadienne – Frankreichs Mitgift

»Vor zehn Jahren wollte jeder Koch hier in Québec ein französischer Küchenmeister sein. Keiner war stolz auf seine Kultur. Niemand sollte wissen, daß die Köche Kanadier waren. Deshalb hingen sie ein Schild mit der Aufschrift *Französische Küche* an ihr Restaurant.« So klagte einer der bekanntesten Köche Québecs, Michel Beaulne, als ihn vor einigen Jahren ein amerikanischer Journalist befragte. Der Schreiber war auf der Suche nach der typischen Québec-Küche.

Bei Beaulne wurde er erwartungsgemäß fündig, denn dieser war der Mitgründer einer Organisation, die sich »La Cuisine Régionale au Québec« nennt. Mehr als 175 Restaurants haben sich der Vereinigung inzwischen angeschlossen. Sie haben sich dazu verpflichtet, daß mindestens 70 Prozent aller in der Küche eingesetzten Lebensmittel und Ingredienzen aus Québec kommt. Das gilt nicht nur für Fleisch, Fisch und Gemüse, sondern auch für Gewürze und andere Geschmacksstoffe. Sprich: Auch die Butter soll aus der Milch von hier beheimateten Kühen stammen.

Aber Québecs innovative Köche sind nicht damit zufrieden, nur einheimische Produkte in ihren Küchen und Pfannen zu verarbeiten. Sie wollen mit diesen frischen Waren auch neuartige Gerichte kreieren und aus der Cuisine eine »Quisine« machen. Gibt es denn bei der Tochter der kulinarisch weltgerühmten Mutter Frankreich eigenständige Rezepturen, eine typische Québec-Küche? Die meisten »Québécois« würden auf diese Frage antworten: »Oui, Tourtière et Poutine.«

Im multikulturellen Vancouver ist die Welt im Granville Island Public Market auch kulinarisch präsent.

Auf dem Kensington Market in Toronto haben Käufer und Verkäufer meist auch Zeit für einen kleinen Schwatz.

Tourtière ist eine in Teig eingebackene Schweinefleisch-Pastete, wie man sie ähnlich in vielen bäuerlichen Küchen rings um die Welt kennt. Poutine ist eine Art Eintopf mit Kartoffelscheiben, Käse und dicker Bratensauce. Natürlich haben sich die »neuen Chefs« der Quisine auch an diesen Nationalgerichten »vergriffen«. Statt des Schweinefleischs haben sie Wild in die Pasteten gefüllt, statt der Bratensauce würzige und leichte Saucenkreationen über Kartoffeln und Käse gegeben.

Wichtiger aber scheint Richard Trottier, dem neuen Präsidenten der Québec-Küchenvereinigung, daß die Köche dem eigenen Geschmack der Québécois auf der Spur sind. »Wir mögen süße Geschmacksrichtungen«, diktierte er dem amerikanischen Journalisten in den Notizblock. »Beeren, Äpfel, Zucker aus Ahornsaft. Wir haben nicht den französischen Geschmack für Cognac und Walnuß.«

Deshalb, so Trottier, versuchen immer mehr Küchenchefs in Québec, eine Verbindung zwischen der traditionellen französischen Richtung und dem »süßen Zahn« ihrer Landsleute zu finden. Für die Gralsritter der französischen Kochkunst mag es wie ein Sakrileg erscheinen, aber die Québécois bedienen sich dabei britischer Küchentraditionen. Das gestand auch gern Anne Desjardins ein, Québecs bekannteste Köchin: »Jetzt lieben wir alle den süßen Geschmack, aber das ist kein Teil unserer französischen Tradition. Meine Großmutter bereitete ihre Bohnen immer mit Zwiebeln, Schweinefleisch und Senf im französischen Stil zu. Nur die Briten und die Neuengländer machten die Bohnen süß an.«

V Ontario – die Vormacht unter den Provinzen

Ontario ist zwar nur die zweitgrößte kanadische Provinz (nach Québec), aber bei weitem die wirtschaftsstärkste und bevölkerungsreichste. Entstanden ist der heutige »Nabel der Nation« aber nur, weil in einem anderen Land eine Revolution stattfand: Nachdem die Amerikaner sich von der britischen Krone losgesagt und die Vereinigten Staaten gegründet hatten, mußten die treuen Anhänger des britischen Monarchen auswandern. Rund 10 000 von ihnen ließen sich am anderen Ufer des Lake Ontario nieder, wo in der Wildnis schon einige versprengte britische Siedlungen existierten. Nun gab es gute Gründe, die riesige, von Montréal aus regierte Kolonie Canada zu trennen: Lower Canada entsprach dem heutigen Québec, aus Upper Canada wurde Ontario.

Gesichert war die neue Heimat der Briten damit noch lange nicht. Dreimal mußten sie Attacken der Amerikaner zurückschlagen, bei einem dieser Angriffe wurde sogar die Hauptstadt York, das heutige Toronto, nie-

Aus der Ferne des Lake Ontario wirken Torontos Bankentürme wie etwas unordentlich gesetzte Seezeichen.

dergebrannt. Die Kanadier revanchierten sich mit einem erfolgreichen Kriegszug nach Washington und fackelten nun ihrerseits die Hauptstadt der Amerikaner ab. So kam übrigens das »Weiße Haus« zu seinem Namen: Um die Brandspuren zu beseitigen, wurde der Amtssitz des Präsidenten nach dem Abzug der Briten schnell weiß getüncht.

Ontario, die bevölkerungsreichste und wirtschaftsstärkste Provinz Kanadas, liegt wie ein Scharnier zwischen dem Osten und der Landesmitte.

Mit dem Frieden von Gent endeten 1814 die Kriege zwischen den nordamerikanischen Vettern. Ontario erblühte und hatte bald die für damalige Zeiten enorme Zahl von 900 000 Bewohnern. Heute leben in der Provinz fast elf Millionen Menschen, mehr als irgendwo sonst im Land, aber immer noch wenig, wenn man weiß, daß Ontario größer ist als Frankreich und Spanien zusammen. Der subarktische Norden ist jedoch kaum besiedelt, die meisten Menschen wohnen im »Golden Horseshoe«, wie der hufeisenförmige Landstreifen zwischen Niagara-on-the-Lake und Toronto genannt wird.

Vor allem Toronto, wie es seit 1834 hieß, wuchs sehr schnell und machte seinem indianischen Namen »Treffpunkt« alle Ehre. Knapp vier Millionen Kanadier leben heute in »Metropolitan Toronto«, das trotz seiner Größe bei Umfragen immer wieder als eine der lebenswertesten Städte Amerikas bezeichnet wird. Das »bessere New York« wird es oft genannt. Insbesondere die amerikanische Filmindustrie nutzt seine Hochhauskulisse häufig für Filme, die scheinbar in New York oder einer anderen US-Metropole spielen. So wurde Toronto – nach Los Angeles und New York – zur drittgrößten Filmstadt im Westen.

Neu spiegelt alt: Torontos Old City Hall am Nathan Phillips Square.

Nicht immer werden die gelobten Eigenheiten Torontos so geschätzt. Da war beispielsweise der Regisseur Sonny Grosso (»French Connection«), der eine typisch amerikanische Straßenszene drehen wollte. Weil aber die Straßen der Stadt sauber sind, wurde der Drehort us-gerecht eingemüllt. Dann gönnten sich die Filmleute eine Pause – und trauten ihren Augen nicht, als sie zum Aufnahmeort zurückkehrten. Inzwischen hatte ein pflichtbewußter Mann der Straßenreinigung allen Müll beseitigt.

Sauberkeit und Sicherheit gelten denn auch bei amerikanischen Besuchern als bevorzugte Eigenschaften Torontos. Peter Ustinov hat dies in einem Satz zusammengefaßt: »Toronto ist ähnlich wie New York – aber von Schweizern betrieben«. Die Ähnlichkeit mit New York wird besonders deutlich, wenn das Abendprogramm geplant sein will: Man kann unter etwa 140 Theatern, Musicalhäusern und Kabaretts auswählen, von der Canadian Opera, dem Nationalballett und der Toronto Symphony bis zu »Buddies in Bad Times«, dem größten Theater der Welt, dessen Programm von Homosexuellen gestaltet wird. Als Alternative bietet sich aber auch ein Dinner in mittelalterlichem Ambiente an, bei dem Ritter hoch zu Pferde ein Turnier ausfechten.

Hauptattraktion Torontos ist der alles überragende CN Tower, das höchste freistehende Bauwerk der Welt. Der Turm mit seinen 533 Metern bietet, wenn er nicht in Wolken gehüllt ist, vom 447 Meter hohen »Space Deck« einen Blick über den Lake Ontario und die als sommerliches Picknickziel geschätzten Toronto Islands bis hin zu den Gischtwolken der Niagarafälle. Zu seinen Füßen recken sich die Wolkenkratzer der Banken und Versicherungen an der Bay Street empor. Der höchste, das Hauptquartier der Royal Bank, glänzt in schierem Edelmetall – die 14 000 Fenster sind zur Isolierung mit Gold für mehrere Millionen Dollar belegt. Eines der drei Aussichtsdecks im CN Tower hat einen Fußboden aus Glas – und manch ein Besucher tippelt nur über den Metallstreben zwischen den Scheiben voran.

Wenn der SkyDome bei schönem Wetter sein gewaltiges Dach geöffnet hat, kann man von dem himmelblauen Turm herab in das Stadion schauen, das ein eigenes Hotel hat. Hier tragen die geliebten Baseballprofis der

Orient trifft Okzident: Auch Toronto hat ein großes Chinesenviertel.

Im SkyDome von Toronto spielen die Baseball-Profis bei schönem Wetter unter freiem Himmel, bei Regen haben sie aber binnen Minuten ein Dach über dem Kopf.

Blue Jays und die eine Spielklasse tiefer agierenden Footballprofis der Argonauts ihre Matches aus. Turm und Stadion waren Teil einer umfangreichen Neugestaltung der Uferzone am Lake Ontario. Heruntergekommene Schuppen und Hafenanlagen wurden ersetzt durch Parks, Sportanlagen und teure Wohnkomplexe. Diese »Harbourfront« schließt die Lücke zum Exhibition Place, wo seit 1879 im August und September die kanadische Nationalausstellung stattfindet, eine der größten Messen der Welt.

Im Winter, der im Gegensatz zu den sonnenreichen, warmen Sommern bitterkalt werden kann, bewährt sich eine andere Attraktion Torontos: Die »Underground City« ist zwar mit etwa 15 Kilometern Länge kleiner als das Pendant in Montréal, aber mit rund 1 100 Geschäften nicht minder vielfältig. Und fast alle wichtigen Adressen in der City sind auch unterirdisch zu erreichen, vom architektonisch beeindruckenden Rathaus des finnischen Architekten Viljo Revell bis zum Eaton Centre an der Yonge Street, das mit seinen 300 Läden, vor allem aber mit seiner Glaskuppel-Architektur ein Muster lieferte für zahllose elegante Einkaufszentren in aller Welt. Da die

Torontos Märkte sind gut bestückt, weil der Süden Ontarios als einer der Obst- und Gemüsegärten des Landes gilt.

Underground City aber weithin ungeplant zusammengewachsen ist, verirren sich selbst Einheimische bisweilen in dem unterirdischen Konsumlabyrinth. Deshalb wurde die Unterwelt für rund eine Million Dollar mit Wegweisern bestückt.

Sobald die kalten Winde aus der Arktis im Frühjahr an Kraft verlieren, läßt das Einkaufsgetümmel unter der Erde etwas nach. Dann herrscht wieder Trubel auf der Yonge Street, der mit rund 1 886 Kilometern »längsten Straße der Welt«. Auf ihr kann man je nach Abschnitt teure Boutiquen, Edelbüros und renommierte Restaurants, aber auch trübe Kaschemmen, Pornoläden oder die Rauschgiftszene erleben. Die Yonge Street teilt Toronto praktisch in eine Ost- und eine Westhälfte, aber beiderseits dieser Route mischen sich die Sprachen und Kulturen kunterbunt. Menschen aus rund 80 Nationen leben in Toronto beisammen, mehr als 100 Sprachen werden in den Quartieren der Stadt gesprochen; entsprechend viele Zeitungen werden in Toronto verkauft.

»Kanadisches Mosaik« nennt Toronto seine Vielvölkerschar, um sich vom »Schmelztiegel New York« abzusetzen. In Toronto soll nichts eingeschmolzen werden, sollen die Nationen ihre Eigenheiten bewahren dürfen, solange sie sich an die Regeln britisch guten Benehmens halten, das hier (und in ganz Kanada) noch viel gilt. Und wenn sich die Nationen vermischen, sei es auf dem St. Lawrence-Markt oder dem Kensington Markt, sei es beim karibischen Karneval im Sommer oder beim offiziellen »Caravan«-Fest aller Nationen – zu Spannungen zwischen den Gruppen kommt es so gut wie nie.

Diese Kombination aus britischer Toleranz, amerikanischer Effizienz und kosmopolitischer Würze kam der Stadt stets zunutze. Yorkville ist dafür ein Beispiel. Der ehemalige Hippie-Stadtteil mit seinen kleinen alten Häuschen hat sich allmählich und ohne jeglichen »Häuserkampf« zu einem lebendigen und schicken Stadtteil gemausert. Und manch einer, der einst mit psychedelischen Kunstläden oder bunten Flower-Power-Klamotten angefangen hat, betreibt mittlerweile eine fashionable Galerie oder Boutique. Yorkville ist ein Bummelquartier voller Restaurants, Straßencafés und Bistros. Hier kann man erproben, was Torontos Gastronomie so einladend macht: die Speisekarte der Welt. Jede Einwanderernation hat ihre Rezepte mitgebracht.

»Wißt ihr, daß die Chinesen ganz andere Barbecues machen als die Mexikaner oder die Samoaner?« fragte uns Anne, unsere Freundin in Toronto. Wir packten gerade den Proviant für ein Picknick am See zusammen. »Die Chinesen zerschnetzeln das Fleisch gerne, von einem Mexikaner habe ich Steaks bekommen, die mit Tequila mariniert waren, und von einem Samoaner Hühnchen, das mit Vanille gewürzt war. Ich hätte die ganzen Rezepte sammeln sollen. *Toronto's global grill* hätte ich das Werk nennen können.« Zu Ehren des Besuchs aus Deutschland hatte Anne an diesem Tag *bavarian bratwurst* eingepackt.

Es ist nicht verwunderlich, daß die »Torontonians« jeglicher Herkunft ihre Küchentraditionen gerade beim Barbecue erproben. Torontos Bürger sind, wie die Mehrzahl der Kanadier, sehr *outdoor* orientiert, das heißt, sie verbringen ihre Freizeit gerne in der Natur. Die Upperclass strebt zu ihren Ferienhäusern auf den Thousand Islands, einem Inselgewirr im unteren Lake Ontario. Normale Sterbliche können die Inselchen in der Regel nur

Ruhepause für die Huskies – wenn sie wieder zu Kräften gekommen sind, werden die Schlittenhunde unruhig an ihren Ketten zerren.

◁ *Die Niagarafälle sind quasi der Maestro unter unzähligen Wasserfällen und Stromschnellen in allen Landesteilen.*

von der Reling eines Ausflugsdampfer betrachten, da die meisten Landflecken in Privatbesitz sind. Immerhin, ihnen bleibt der St. Lawrence Islands National Park, mit 3,5 Quadratkilometern der kleinste Nationalpark des Landes. Seine 23 Inseln sind öffentlich zugänglich.

Die Wanderer und Camper, vor allem aber die Kanuten zieht es in den Algonquin Provincial Park, der als »letztes Stück Wildnis in Süd-Ontario« angepriesen wird. Der 7 500 Quadratkilometer große Park ist gleichsam marmoriert von Seen und Flußläufen und macht dem Namen Ontario – das indianische Wort für »schimmerndes Wasser« – alle Ehre.

»Donnerndes Wasser« ist die Übersetzung für Niagara – ein passender Name für die Fälle, die zu den meistbesuchten Sehenswürdigkeiten Ame-

rikas zählen. In den Horsehoe Falls auf kanadischem Territorium und den American Falls auf des Nachbarn Grund stürzt der Niagara River zwischen Erie- und Ontario-See tosend in die Schlucht hinab. Gemessen am Volumen sind die Niagarafälle der größte Wasserfall der Welt. Auf amerikanischer Seite rauschen pro Minute durchschnittlich 14 Millionen Liter Wasser über die 56 Meter hohe und 305 Meter breite Felskante. Der noch spektakulärere Hufeisenfall auf kanadischer Seite ist 54 Meter hoch und 675 Meter breit, hier gurgeln pro Minute 155 Millionen Liter Wasser zu Tal.

Rings um die Fälle hat sich ein enormes Tourismusgeschäft entwickelt. Weit mehr als zwölf Millionen Menschen besuchen alljährlich die »Donnernden Wasser«, die nahegelegenen einstigen kanadisch-amerikani-

Die Verschiedenartigkeit der Flüsse und Seen macht den Wassersport in Kanada so reizvoll. Kein Wunder, daß das Land einer eigenen Bootsgattung den Namen gegeben hat: den Kanadier-Kanus, die mit Stechpaddeln vorwärtsgetrieben werden. Aber selbst wenn die kanadischen Gewässer zufrieren, bieten sie Sportmöglichkeiten, beispielsweise beim Eisangeln.

Wenn die »Rapids«, die Stromschnellen, erreicht sind, heißt es für alle Mann an Bord: Paddeln bis zur Atemlosigkeit, damit das Schlauchboot oder das Kanu auf Kurs bleibt. Gemächlicher sind dann schon die Paddelreviere in städtischen Parks, auf den Seen oder auf den Altarmen der Flüsse. Und abends kommen die Boote auf ihr angestammtes »Trockendock«.

Der 90 Meter hohe Peace Tower überragt nicht nur das kanadische Parlament, sondern auch das gesamte Regierungsviertel in Ottawa.

schen Schlachtfelder und die hübsche kleine Stadt Niagara-on-the-Lake. Doch der Rummel konzentriert sich direkt auf die Fälle: Die Schiffe der »Lady of the Mist«-Flotte (benannt nach einer Indianersage) tuckern fast bis an die herabstürzenden Fluten, Hubschrauber kreisen darüber, eine Seilbahn schwebt über die Schlucht hinaus, hinter den Fällen hat man einen Tunnel gebohrt, in dem man die Kraft der Fälle am stärksten erlebt. Ihr Tosen ist kilometerweit zu hören; steht man in ihrer Nähe, spürt man, wie der Boden unter der Gewalt der Wassermassen erbebt.

Warum gerade eines der größten Naturschauspiele Amerikas zur Attraktion für Hochzeitsreisende wurde, weiß niemand so recht. Rund 500 000 *newlyweds* reisen jährlich an. Die Hoteliers erwarten sie mit *honeymoon packages* aller Art, vom herzförmigen Whirlpool im Zimmer bis zum Champagner am Morgen danach. Längst hat sich eine allumfassende Flitterwochen-Industrie entwickelt, die vor allem auf der kanadischen Seite der Fälle über Kundschaft nicht zu klagen hat. Da kann man auch den Kommentar des Spötters Oscar Wilde ertragen: »Die Niagarafälle müssen die zweite große Enttäuschung des amerikanischen Ehelebens sein.«

Mit Spott mußte zeitlebens auch ein anderer Ort in Ontario leben: Ottawa, die Hauptstadt Kanadas. »Ottawa ist ein subarktisches Holzfällernest, das durch königlichen Beschluß in einen politischen Führerstand verwandelt wurde«, schrieb beispielsweise der kanadische Journalist Goldwin Smith seiner nationalen Kapitale ins Stammbuch. Unrecht hatte er nicht, denn Ottawa bestand wirklich nur aus ein paar Hütten, als 1857 die Entscheidung über die kanadische Hauptstadt fiel. Montréal, Québec City, Toronto und Kingston in Ontario bewarben sich neben Ottawa um den

Titel. Queen Victoria soll angeblich nach einigen hübschen Aquarellen vom Tal des Ottawa River entschieden haben. Aber die Monarchin hatte ganz andere Gedanken. Die vier prominenteren Städte lagen alle in Reichweite der Amerikaner, die Kanada schon mehrfach angegriffen hatten. Ottawa war hingegen hinter dichten Wäldern verborgen. So kam es zum »Westminster in the Wilderness«.

Die Bürger von Ottawa setzten die königliche Order unverzüglich um. Bereits 1859 begannen sie mit dem Bau der Regierungsgebäude auf dem Parliament Hill. Sie sind inzwischen das Ziel von jährlich rund vier Millionen überwiegend kanadischer Touristen. Parlament, Oberster Gerichtshof und Staatsbibliothek legen architektonisch Zeugnis ab von den Vorbildern der Regierungsgebäude in London. Allein die – äußerlich einer Kirche ähnliche – Bibliothek überstand 1916 den Brand, dem das Parlament zum Opfer fiel, die anderen Bauten wurden neu errichtet. Das Wahrzeichen der Stadt ist der 90 Meter hohe, 1927 erbaute Peace Tower des Parlaments, von dessen Aussichtsplattform man einen guten Blick hat über Ottawa und Hull, die Nachbarstadt am anderen Ufer des Flusses. Der Ottawa River ist zugleich die Grenze zwischen Ontario und Québec.

Ottawa und Hull werden weitgehend gemeinsam verwaltet, in beiden Städten und der Umgebung wohnen insgesamt eine Million Menschen. Der Hauptstadt-Kommission sind auch die zahlreichen Parkanlagen zu verdanken, die Ottawa besonders angenehm machen. Im Park beim Parlament erblühen im Frühling Tausende von Tulpen – ein Geschenk der Niederlande. Deren Königshaus lebte während des Zweiten Weltkriegs in Ottawa im Exil. Prinzessin Margriet wurde sogar dort geboren, und zwar in einem kurzfristig zu niederländischem Territorium erklärten Krankenhauszimmer.

Die Hauptstadt will ihren Besuchern mehr bieten als die Touren durch die neogotischen Regierungsbauten und Bootsfahrten auf dem Ottawa River und dem Rideau-Kanal, der Ottawa mit den Großen Seen und dem St. Lawrence River verbindet. Eine Reihe von Museen soll die Gäste länger als einen Tag in der Stadt halten, sehenswert sind vor allem die Nationalgalerie und das auch architektonisch anspruchsvolle Museum der kanadischen Zivilisation in Hull.

Das allein jedoch wird Ottawas Ruf als nette, aber langweilige Kapitale nicht sonderlich verbessern. Kritiker behaupten, die Hauptstadt erwache ohnehin nur während der Winterlude. Mit den drei Fest-Wochenenden im Februar will die Stadt dem Winter Carnival in Québec City den Titel des weltgrößten Winterfestivals streitig machen. Sie hat dazu durchaus gute Voraussetzungen: Hier fallen jährlich mehr als 22 Meter Schnee. Ottawa ist allerdings nur die zweitkälteste Hauptstadt der Welt – Ulan Bator in der Mongolei hält den absoluten Minusrekord.

Lunchpause zwischen den Ministerien – Ottawa ist eine entspannte Hauptstadt.

An der Uferseite des Ottawa River ragt die an ein übergroßes Zirkuszelt erinnernde Bibliothek über das Parlament, in ihrem Inneren das Denkmal der jungen Queen Victoria über die Büsten der Geistesgrößen hinaus …

... Rechtwinklig und modern präsentiert sich hingegen die New Art Gallery.

Verrückte Fälle an den Fällen

»The largest collection of barrels and daredevil artifacts« verheißt die Ausstellung im Fuß des Skylon Tower unmittelbar bei den Niagarafällen. *Barrels* sind nicht nur die Fässer, sondern auch alle ähnlichen Gefäße, mit denen sich Menschen seit hundert Jahren durch die Wasserfälle stürzen. Diese meist geltungssüchtigen Zeitgenossen werden *daredevils* genannt.

Ihre Geschichte begann 1859 mit einem Profi, dem seinerzeit weltberühmten Hochseilartisten »Blondin« (Jean François Gravalet). Er wäre zwar nicht auf die Idee gekommen, sich über die Klippe zu stürzen. Aber er spazierte als erster über das tosende Naturspektakel. Nicht genug damit, bei späteren Touren bereitete er sich über den Fällen ein Omelett zu, schob eine Schubkarre über das Seil, trug einen Passagier auf seinen Schultern und legte sich schließlich in schwindelnder Höhe zu einer Siesta nieder. Fortan mußten andere »Seiltänzer« mit allerlei Mumpitz um Schlagzeilen werben, sie überquerten etwa mit einer Tüte über dem Kopf oder mit Pfirsichkörben an den Füßen die Wassermassen. Der australische Artist Bellini ließ sich bei einer Art Bungee Jumping sogar mit einem Gummiseil in den Fluß fallen. Alles ging gut, bis Bellinis Assistent Stephen Peere in der Nacht vor seinem Auftritt nach seinem Schlummertrunk noch einen kleinen Trip übers Seil machen wollte ...

Am Fuß des amerikanischen Teils der Niagara Falls steigen in »Ostfriesennerze« gehüllte Touristen nahe an die Fälle heran (unten). Auf der kanadischen Seite spürt man an der Kante der Horseshoe Falls, wie der Boden unter der Wucht der Wassermassen vibriert (rechts).

Ein anderer Todesfall ließ Britannien trauern: Captain Matthew Webb, der erste Mensch, der den Ärmelkanal durchschwommen hatte, ertrank, als er die Stromschnellen unterhalb der Fälle schwimmend meistern wollte.

Die alte Idee, nicht über den Fällen zu balancieren, sondern mit den Wassermassen in die Tiefe zu rauschen, setzte eine Frau als erste um: Annie Taylor, eine arbeits- und mittellose, schon 63 Jahre alte Tanzlehrerin, stopfte ein altes Faß mit ihrer Matratze aus, packte sich, ihren Hund und einen Amboß als Gewicht in das Faß und ließ sich über die Kante treiben. Sie überlebte zwar, aber ihre finanziellen Probleme konnte sie dennoch nicht lösen, sie starb später in Armut.

1912 verbot die Regierung von Ontario, sich mutwillig in die Fälle zu stürzen. Dennoch versuchten es immer wieder Menschen aus aller Welt. Viele bezahlten ihre Tollkühnheit mit dem Leben. Beispielsweise George Stathakis, dessen Faß 1939 zwar den Sturz überstand, der dann aber in den Strudeln für 18 Stunden unter Wasser gedrückt wurde. So lange reichten seine Sauerstoff-Vorräte nicht. 1995 gab es mehrere Versuche, die Behörden und die Fälle zu überlisten. Ein Pärchen aus Florida überlebte in einem speziell konstruierten Kunststoff-Faß – das erste erfolgreiche Duo. Ein anderer *daredevil*, der im selben Jahr mit seinem Jet-Ski über die Fälle hinausschoß, kam um, weil sich sein Fallschirm nicht öffnete.

Die schlimmsten Minuten erlebten die Niagara-Touristen im Sommer 1960. Drei Kinder waren damals mit einem Boot oberhalb der Fälle unterwegs. Als der Motor ausfiel, trieben sie auf die Fälle zu. Kurz vor dem Sturz in die Tiefe kenterte das Boot. Das Mädchen trieb auf das Land zu und konnte gerettet werden. Die beiden siebenjährigen Jungen wurden über die Fälle gespült. James, der keine Rettungsweste trug, ist nie wieder aufgetaucht. Sein Freund Roger konnte jedoch wundersamerweise fast unverletzt geborgen werden.

Große Namen eines großen Landes

»Die Kanadier haben ein Problem«, hieß es 1957 in einer Buchbesprechung eines kanadischen Magazins. »Eine Hälfte ihrer Zeit benutzen sie dazu, den Amerikanern klarzumachen, daß sie keine Briten seien. Während der anderen Hälfte überzeugen sie die Briten, daß sie keine Amerikaner sind.« Die Briten spielen zwar mittlerweile kaum noch eine Rolle im Selbstverständnis der Kanadier, aber die Amerikaner um so mehr.

Kaum erringt ein Kanadier auf irgendeinem Feld Weltruhm, schon glaubt die Welt (einschließlich der Nachbarn im Süden), diese berühmte Person sei Amerikaner. Das nagt am Selbstbewußtsein.

Besonders deutlich wird dies im Showgeschäft. Wer weiß schon, daß Hollywoodstars wie Mary Pickford, Raymond Burr oder, als aktuelles Beispiel, Keanu Reeves, aus Kanada stammen – wie übrigens auch der Hollywood-Filmmogul Louis B. Mayer. Auch der Country-Sänger Hank Snow, die Sängerin Anne Murray, der Popbarde Gordon Lightfoot und der Jazzmusiker Oscar Peterson gelten gemeinhin als Amerikaner, sind aber unter dem Ahornblatt geboren. In dieselbe Reihe gehört ferner der Pianist und Komponist Glenn Gould.

Kanadas Wissenschaftlern geht es nicht anders. Der Ökonom John Kenneth Galbraith, der Medienphilosoph Marshall McLuhan und Sir Frederick Banting, der Miterfinder des Insulins, werden oft mit den Vereinigten Staaten und selten mit deren nördlichem Nachbarn in Verbindung gebracht. Dasselbe gilt für inzwischen weniger bekannte Forscher wie Sir Sandford Fleming, dem die Welt die Zeitzonen verdankt, Abraham Gesner, den Erfinder des Kerosins, oder Gerhard Herzberg, den Nobelpreisträger für Chemie.

Und selbst Alexander Graham Bell, einer der Erfinder des Telefons, mußte sich zeitlebens dagegen wehren, ein Amerikaner oder gar ein Engländer zu sein. Er lebte zwar in Kanada, aber gebürtiger Kanadier war er nicht. Bell wurde in Schottland geboren. Dafür liegt der Geburtsort des »kanadischsten aller Dichter«, Robert Service, in England.

Der Jazzer Oscar Peterson, der seine Finger über die Tasten des Klaviers gleiten läßt, und der weißbärtige Alexander Graham Bell sind zwei jener prominenten Kanadier, die immer wieder für US-Amerikaner gehalten werden.

Des Landes gute Tropfen

»Sam's Saloon« in dem kleinen Prärie-dörfchen Rowley ist als urige Kneipe sogar schon zu Filmruhm gekommen.

Wenn ein »kanadischer Landwein« aufgetischt wird, kann man sich auf einen im wahrsten Sinne kernigen Drink gefaßt machen. Das hellbraune Destillat ist nämlich Whiskey, genauer: kanadischer Whiskey. Der wird aus Roggen gebrannt und heißt deshalb auch »Rye«. Immerhin wird aus rund 13 Prozent aller kanadischen Roggenähren Rye Whiskey gewonnen. Er ist die beliebteste Spirituose in Kanada und in Amerika eine echte Konkurrenz für den einheimischen Bourbon. Der Erfolg des kanadischen Whiskeys machte die Firma Seagram zu einem der bekanntesten und profitabelsten Unternehmen Kanadas. In den letzten Jahren hat sich Seagram allerdings verstärkt in Hollywood und in der Filmindustrie engagiert.

Der Whiskey kam – in seinen schottischen Varianten – bereits mit den ersten britischen Soldaten und Siedlern ins Land. Ein nennenswerter Markt entwickelte sich allerdings erst, nachdem sich die USA vom britischen Kolonialreich abgespalten hatten. Damals zogen Tausende königstreuer Briten um nach Kanada. Diese »Loyalisten« waren dankbare Abnehmer für den Roggenwhiskey. Da die Müller damals zehn Prozent der Mahlmenge als Entlohnung erhielten, kamen einige von ihnen auf die Idee, das Korn zu destillieren. Der Whiskey brachte zwar nicht viel mehr Geld als das Mehl, aber er war leichter zu transportieren und besser zu schützen vor Mäusen und anderen Schädlingen.

Die französischsprachigen Kanadier, die an Cognac und anderen Branntwein aus Trauben gewöhnt waren, hatten es um einiges schwerer, denn damals wuchs kaum Wein in Nouvelle France. Inzwischen gibt es zwar einige Weinberge, aber für eine kommerzielle Verwertung reichen die Erträge nicht aus. Dennoch gibt es heute auch einen echten, spritzigen kanadischen Landwein. Seine Anbaugebiete liegen in Ontario und in British Columbia.

In Ontario haben sich vor allem in der Niagara-Region verschiedene Weingüter angesiedelt, die vornehmlich frischen, fruchtigen Weißwein produzieren. Verwunderlich ist das nicht, liegt doch die Niagara-Halbinsel geographisch etwa auf der gleichen Höhe wie Rom. In British Columbia wachsen die meisten Rebstöcke im geschützten Tal zwischen den Coast Mountains und den Rocky Mountains. In beiden Provinzen werden spezielle Touren durch die Weinregionen angeboten, die meisten Winzer laden auch zu Kostproben ein. Derlei Werbung braucht der kanadische Wein auch: Noch muß er sich mit Platz vier auf der Rangliste der beliebtesten alkoholischen Getränke begnügen, nach Bier, importiertem Wein und kanadischem Whiskey.

VI

Die Prärie-Provinzen – vom Büffelgras zum Weizenmeer

Manitoba: Weites Land um Winnipeg

Die Sonne warf von Westen her schon lange Schatten. Tief im Süden hatte sich ein kleines Sommergewitter gebildet; sein Donner war nicht zu hören, aber bisweilen sah man Blitze zu Boden jagen. Im Norden standen einige weiße Wolkenballen wie helle Bisons im Himmelsblau. Es war einer jener Abende, an denen man sich verlieben kann in diese scheinbar endlose Weite der Prärie Zumindest, wenn man dort geboren ist. Carole Stocker ist ein Kind dieses Landes, »true blue Manitoba stock«, sagte sie in Anspielung auf ihren Namen. Ein deutscher Name? Stammt sie aus einer der vielen Mennonitengemeinden hier? Carole lachte. »Nein, das wohl nicht. Eher aus England, und eine Großmutter kommt aus einer Métis-Familie. Das waren Mischlinge mit europäischen und indianischen Vorfahren. In Manitoba weiß man nie. Hier haben sie sich aus aller Welt versammelt und dann munter durcheinander geheiratet.«

Kanadagänse suchen auf einem abgemähten Feld in Manitoba nach Nahrung.

Diese arg verknappte Version der Geschichte Manitobas ergänzte Carole auf der Rückfahrt vom Riding Mountain National Park, wo Kanadas größte Bisonherde grast, nach Winnipeg. Sie geriet dabei in den selben pädagogischen Eifer, den sie vermutlich auch vor ihren Grundschulklassen entfaltet. Von unserem Wissensstand her war das auch angebracht, wir wußten nur, daß Manitoba etwa in der Mitte Kanadas liegt und daß Winnipeg seine Hauptstadt ist. »Von unseren gut 1,1 Millionen Menschen leben 650 000 in Winnipeg«, sagte Carole. »Nötig wäre das nicht, denn mit 650 000 Quadratkilometern hätten wir Platz genug.« Die Provinz ist etwa anderthalbmal so groß wie Deutschland mit seinen 80 Millionen Einwohnern.

Wichtiger als die Geographie war ihr aber die Historie. »Im Nordwesten, wie es damals hieß, ging es immer hin und her. Mal hatten die Franzosen die Oberhand über die paar Militärposten, die sich in der Wildnis verloren. Mal waren es die Briten. Interessiert waren auf einmal beide an dem Land, das zumindest im Sommer in der Hudson Bay einen Seehafen hat, als von dort aus die erste Schiffsladung mit Pelzen nach London ging. Denn der Pelzhandel war ein höchst profitables Geschäft.«

Die kurze Wegesstrecke erzwang eine knappe historische Zusammenfassung: Anfangs waren es meist französische Trapper und Abenteurer, die in den wahrhaft wilden Westen vordrangen. Viele taten sich mit indianischen Frauen zusammen, daraus entstanden die Métis mit ihrem eigenen Lebensstil, ihrer französischen Sprache und ihrem katholischen Glau-

Die beiden Präriestaaten Manitoba und Saskatchewan sind die Stiefkinder des Tourismus in Kanada. Die Attraktionen der beiden Provinzen sind wenig augenfällig, deshalb fliegen die meisten Kanada-Besucher über sie hinweg.

Endlose Felder, bisweilen blühender Raps, meist aber Weizen, und kirchturmartig aus der Ebene ragende Getreidesilos sind die Wahrzeichen der kanadischen Prärie.

ALBERTA
WHEAT POOL
POOL
Canada

Die ersten Siedler Winnipegs kamen per Schiff. Aber wichtig wurde Manitobas Hauptstadt als Eisenbahn-Knotenpunkt. Heute ziehen fast nur noch Touristenschiffe über den Fluß.

ben. Als die britisch-kanadische Regierung 1869 der Hudson's Bay Company das Land im Westen für 300 000 Pfund Sterling abkaufte, sahen sich die Métis in ihren Landrechten und in ihrer Lebensart bedroht.

Es kam zur einzigen größeren Rebellion auf kanadischem Boden. Die Métis hatten zwar mit Louis Riel einen fähigen Führer, aber als die kanadische Regierung Truppen entsandte, brach der Aufstand schnell zusammen. Immerhin: Die Soldaten hatten auf ihrem Weg nach Westen die Spur für die erste Straße vom Osten her gebahnt. Das war eine der Voraussetzungen für die Gründung der Provinz Manitoba – übrigens eine der Forderungen der Métis. Aber nicht nur deshalb hat sich der später hingerichtete Riel in Manitoba inzwischen in einen Volkshelden verwandelt. Das Haus seiner Eltern in Winnipeg ist heute ein Museum, sein Grab eine Touristenattraktion.

Aus der bescheidenen Siedlung in den Tagen Riels wurde dank der Raddampfer auf dem Red River, vor allem nach dem Eisenbahnbau 1882, die erste und bis heute mit Abstand größte Stadt der Prärie. Vielleicht merkt man ihr deshalb nicht an, daß sie das Zentrum einer landwirtschaftlich geprägten Provinz ist. Dazu muß man erst ins zu Recht vielgerühmte Museum of Man and Nature gehen und dort die Wandlung verfolgen, die sich in der Prärie von der Epoche der riesigen Büffelherden bis zur Gegenwart mit ihren schier endlosen Getreidefeldern vollzogen hat.

Auch außerhalb des Museums ist der Stadt ihr historischer Stolz anzumerken. Der von Bauten aus der Zeit um die Jahrhundertwende geprägte Old Market Square Heritage District (auch Exchange District genannt) wurde mit Sorgfalt und Aufwand wiederhergestellt. Er ist heute wegen sei-

ner Restaurants und Geschäfte ein von Ärzten, Anwälten und Künstlern geschätztes Viertel. Von den Militärposten, die der Stadtgründung vorangingen, hinterließ das Upper Fort Garry nur ein Portal. Aber zum Lower Fort Garry, einem aufwendig restaurierten National Historic Park, kann man ganz stilgerecht per Raddampfer hinabtuckern. Das älteste erhaltene steinerne Fort in Nordamerika ist in den Sommerwochen ein »lebendes Museum«, das heißt, man trifft dort auf Männer und Frauen in Soldatenuniformen, der damaligen Siedlerkleidung oder in indianischer Tracht, die mit ihren Auskünften den Eindruck vermitteln, als sei man in die Geschichte zurückversetzt und schaue den Menschen bei ihren täglichen Verrichtungen zu. In Winnipeg selber drehen sich die Räder von Grant's Old Mill, dem Nachbau einer Getreidemühle von 1829. Jenseits des Flusses liegt das Zentrum der französischsprachigen »Manitobans«, der Stadtteil St. Boniface.

Das Viertel ist nach dem Apostel der Deutschen genannt, weil sich am Ufer Deutsche in Diensten der Hudson's Bay Company ansiedelten – nur ein Farbtupfer auf der Palette der Nationen, die sich in Manitoba niedergelassen hatten. Hier, am Zusammenfluß von Red River und Assiniboine River, hatten schon sehr lange vor den ersten Weißen die Indianer ihre Zelte aufgeschlagen. Ein guter Platz für Archäologen, die an den »Forks«, der Flußgabelung, Ausgrabungen machen. Touristen können sich gegen Gebühr und Voranmeldung an diesem Projekt beteiligen. Viele belassen es jedoch beim Zuschauen und bummeln in der benachbarten, historischen Vorbildern nachgebauten Altstadt mit ihren Kaffeebars, Galerien und Marktständen.

Die Prärie endet am Fuß der Rocky Mountains in Alberta, sie beginnt im Osten in Manitoba. Dazwischen liegt – total Prärie – die Provinz Saskatchewan.

Überall im Land finden die Kanadier eine Möglichkeit, ihrem Nationalsport zu frönen: Mit dem Kanu raus aus den Städten.

Die siebtgrößte Stadt Kanadas präsentiert sich aber ebenso als kulturelle und politische Metropole. Für ersteres sorgen ein halbes Dutzend Theater, das Winnipeg Symphony Orchestra, die Manitoba Opera und vor allem das auch in Übersee berühmte Royal Winnipeg Ballet. Das politische Leben konzentriert sich auf das Legislative Building am Rand der City. Der eindrucksvolle Parlamentsbau von 1919 wird überragt von einem säulengestützten Kuppelturm, auf dessen Spitze in 70 Meter Höhe der in Blattgold glänzende »Golden Boy« balanciert.

Der schwere Junge – die Plastik wiegt fünf Tonnen – symbolisiert mit seiner Fackel den Fortschritt. Sein Blick ist nach Norden gerichtet, Manitobas Land der Hoffnung. In den nördlichen Wäldern und in der subarktischen Tundra des Kanadischen Schildes liegen die Edelmetallminen, die beträchtlich zum Staatshaushalt beitragen. In einigen gedeihen unterirdisch Obst und Gemüse unter künstlichem Tageslicht. Sie wachsen schneller als über der Erde, deshalb erproben Pharmakonzerne dort auch die Zucht von Heilpflanzen.

Der Norden ist mit endlos vielen Flüssen und Seen gesprenkelt, dank der Wasserkraftwerke eine echte Energiequelle für Manitoba. Die wildreichen Wälder und die fischreichen Seen wären auch ein gutes Kapital für den Tourismus, gäbe es nicht das Problem mit dem Wetter. Manitoba zählt zwar jährlich mehr als drei Millionen Besucher, aber die meisten reisen nur zu Konferenzen in Winnipeg an. »Das Klima in Manitoba besteht aus sieben Monaten arktischen und fünf Monaten kalten Wetters«, hieß es bereits 1882 in einem kanadischen Reiseführer. Was den Winter anlangt, stimmt die Einschätzung, denn dann fallen die eisigen Strömungen vom Nordpol und die Blizzards, die Schneestürme, über das Land her. Die Sommer sind hingegen warm und angenehm, und selbst Hitzewellen sind nichts Ungewöhnliches.

Saskatchewan: Kanadas Sunshine State

»Der Herr sagte: Es werde Weizen, und Saskatchewan war geboren.« Fraglos eine recht eigenwillige Bibelauslegung, aber in der Prärieprovinz hat der kanadische Humorist Stephen Leacock damit sicherlich viel Zustimmung erfahren. Mehr als die Hälfte der kanadischen Weizenernte wird in »Sask« eingefahren, und wo einst das Präriegras wogte, sieht man nun die Ähren, soweit das Auge reicht.

Die endlose Ebene trägt zu diesem Eindruck bei, auch wenn die Provinz einige Berginseln hat. Die höchsten, die Cypress Hills im Südwesten, bringen es immerhin bis auf 1 392 Meter – sie sind damit die höchste Erhebung zwischen Newfoundland und den Rocky Mountains. Aber generell stimmt es schon, daß Saskatchewan weithin ein flaches Land ist, mit Weizenfeldern im Süden und Wäldern im Norden.

Die Wälder waren anfangs weit besser erforscht als die Prärie, denn auf den Flüssen im Norden ließen die Pelzhändler die Felle transportieren, die sie zuvor von Indianern und Trappern erworben hatten. Auch hier balgten sich Franzosen und Engländer um die profitablen Geschäfte, nachdem Louis François Chevalier de la Corne 1753 am Zusammenfluß von North und South Saskatchewan River ein Fort anlegen ließ. Die Hudson's Bay Company folgte 1774 mit dem Cumberland House am gleichnamigen See.

1905 erhielt Saskatchewan den Status einer eigenständigen Provinz, der einzigen, deren Grenzen nur von Menschen gezogen wurden. Bei der Erkundung und Eroberung des Westens und des Nordens hat sie stets eine besondere Rolle gespielt, weil innerhalb ihrer Grenzen an einer Eisenbahnstation namens Pile O'Bones (»Knochenhaufen«) das Hauptquartier der Royal Canadian Mounted Police eingerichtet war. Aus dem Flecken wurde 1882 schließlich zu Ehren von Queen Victoria die heutige Provinzhauptstadt Regina (lateinisch für: Königin).

Regina hat sich bemüht, etwas aus seinen bescheidenen Möglichkeiten zu machen. Das Stadtzentrum spiegelt den um einiges gemächlicheren

In Regina, Saskatchewans Hauptstadt, bieten die oberen Etagen der Bürohochhäuser einen weiten Blick über die Prärie.

Moderne Getreidesilos kommen inzwischen ohne die charakteristischen Aufzugtürme aus, die bislang den flachen Horizont der Prärie belebten.

Rhythmus der ganzen Provinz wider, von der der Schriftsteller Edward McCourt sagt: »Ruhe und Einsamkeit – die schönsten Gaben, die Saskatchewan dem gequälten modernen Menschen anbieten kann.«

Ruhe und Einsamkeit sind vor allem charakteristisch für Reginas Wascana Centre, einen riesigen Park, der sich südlich an das Stadtzentrum anschließt. Als der erste Regierungschef Kanadas, John A. Macdonald, 1886 erstmals Regina besuchte, antwortete er auf die Frage, wie ihm die Stadt in der Prärie gefalle: »Wenn ihr etwas mehr Wald, etwas mehr Wasser und da und dort einen Hügel hättet, dann, so denke ich, würde sich der Anblick verbessern.« Die Bürger der »Queen City« folgten dem Rat. Sie stauten ihren kleinen Wascana-Fluß zu einem respektablen See auf und pflanzten einen baumreichen Park ringsum.

Damit hatten sie zugleich einen würdigen Platz für ihr Parlamentsgebäude, das 1911 fertiggestellt und nach kanadischer Art mit einer gewaltigen Kuppel gekrönt wurde. In dem Park, der damals als »Wunder in der Prärie« galt, fanden überdies eine Reihe öffentlicher Institutionen und drei Museen Platz, das naturwissenschaftliche Saskatchewan Science Centre, das Museum of Natural History und die auf kanadische Kunst spezialisierte Mackenzie Art Gallery. Auch das Farmhaus, in dem Kanadas ein-

stiger Regierungschef John G. Diefenbaker in Borden bei Saskatoon aufwuchs, wurde in den Park der Hauptstadt umgesiedelt.

Im Zentrum der Stadt wurde aus der Old City Hall das Regina Plains Museum mit seiner heimatkundlichen Sammlung. Die meistbesuchte Sehenswürdigkeit ist hingegen das ehemalige Hauptquartier der »Mounties«. Die Leitung der berühmten Polizeitruppe ist zwar inzwischen in Ottawa angesiedelt, aber das Depot und das Trainingscamp blieben Regina erhalten. Man kann das Camp auf geführten Touren erkunden, an jedem Werktag findet um 12.45 Uhr ein öffentlicher Drill der Kadetten statt. Das Museum der Royal Canadian Mounted Police entstand 1974 zum hundertjährigen Bestehen der Truppe. Besonderer Beliebtheit erfreuen sich die *sunset ceremonies* an wechselnden Wochentagen im Juli und August. Die farbenprächtige Schau in Paradeuniformen dauert etwa eine Stunde.

Fast 200 000 Menschen leben in Regina, knapp 220 000 in der Universitätsstadt Saskatoon etwa 160 Kilometer nordwestlich der Hauptstadt – das sind bereits 40 Prozent der einen Million Einwohner, die Saskatchewan auf 652 000 Quadratkilometern beherbergt. Die Zahlen zeigen, daß selbst die am stärksten landwirtschaftlich geprägte Provinz Kanadas zunehmend »verstädtert«. Das liegt zumindest nicht an der Verkehrs-Infra-

struktur – keine Provinz hat ein größeres Straßennetz. Saskatchewan kann es sich dank seiner Bodenschätze leisten, es fördert zwölf Prozent des kanadischen Erdöls, daneben hat es die größten Pottasche-Lager der Welt und damit einen der wichtigsten Grundstoffe für die Düngemittel-Industrie. Nach Voranmeldung kann man bei Saskatoon in eine Pottasche-Mine einfahren. Die bedeutendste Attraktion Saskatoons ist allerdings der Wanuskewin Heritage Park, eine prähistorische Stätte, die aber auch die jüngere Geschichte der Indianer vorstellt.

Insgesamt spielt der Tourismus in Saskatchewan eine geringere Rolle, obschon die Stadt Estevan im Südosten mit jährlich durchschnittlich 2 540 Stunden Sonnenschein stolz den Titel »Sunshine Capital of Canada« trägt. Eine selbst in Kanada wenig bekannte Stätte ist der Little Manitou Lake bei Watrous (zwischen Regina und Saskatoon). Der See ist noch salzhaltiger als das Tote Meer in Israel, deshalb treiben Schwimmer auf dem Wasser ohne unterzugehen. Schon die Indianer kannten dieses »heilende Wasser«. In früheren Jahren war Manitou Beach ein vielbesuchter Kurort, er geriet dann aber ein wenig in Vergessenheit und erlebt erst in den letzten Jahren eine Renaissance. »Eigentlich könnte unser Salzsee international so bekannt werden wie das Tote Meer«, sagte uns eine Dame im Fremdenverkehrsbüro der Provinz, »aber internationale Berühmtheit interessiert hier kaum einen. Viel wichtiger ist es, wie der Weizen steht.«

Wenn der Herbst naht in der Prärie, zeugen nur noch gewaltige Heurollen von den mächtigen Maschinen, die kurz zuvor über die Felder gefahren sind und die Ernte eingebracht haben. Dann kann es sich auch der Nachwuchs der fleißigen Hutterer einmal im Stroh bequem machen.

Rotröcke mit Disney-Vertrag

»They always get their man« – jedes Kind in Kanada und Hollywoods Kunden in aller Welt wissen, wer mit diesem Satz gemeint ist: Die Royal Canadian Mounted Police (RCMP). Den »Mounties« sind zwar in ihrer mehr als 125 Jahre zählenden Historie einige Ganoven durch die Lappen gegangen, und es gab auch einige Skandale in den eigenen Reihen. Aber der exzellente Ruf der Polizeitruppe blieb davon unberührt, so wie es sich gehört für ein nationales Symbol.

Als solches tragen die Mounties leuchtend rote Jacken, ausgebeulte schwarze Reiterhosen mit gelben Seitenstreifen und helle, flachkrempige Westernhüte. Gut, daß diese farbenprächtigen Polizisten überall auf Ansichtskarten zu sehen sind, denn ansonsten findet man die dienstlich dunkelblau gewandeten Mounties nur noch zu zeremoniellen Anlässen im bunten Rock. Die besten Chancen dazu bieten im Sommer das Parlamentsgebäude in Ottawa, wo die Wachen bisweilen fotogen aufziehen, und das RCMP-Museum in Regina.

Dort trainiert auch die berühmte Reitergruppe, deren Mitglieder auf Festivals rings um den Globus zu Kanadas populärsten Botschaftern wurden. Seit 1966 ist die rund 15 000 Mann starke Truppe (etwa 1 500 sind Frauen) allerdings nicht mehr *mounted*, die Pferde wurden durch Autos, Hubschrauber, Schiffe und Schneemobile abgelöst. Die heutige Bundespolizei jagt inzwischen auch Spione, spürt Schmuggler- und Drogenringe

In Fort Macleod im Süden Albertas wurde der erste Posten der Northwest Mounted Police (der Vorgänger der Mounties) im Westen Kanadas originalgetreu nachgebaut. Im Sommer sorgen berittene Studenten in historischen Uniformen für farbenprächtige Fotomotive.

auf und ist zuständig für den Schutz der Regierung in Ottawa. Aber immer noch sorgen in entlegenen Region der Arktis Mounties für Recht und Ordnung.

Dort begann auch die Geschichte der legendären *law enforcement officers*, und zwar im Jahre 1873. Damals entschloß sich Kanadas erster Premierminister John A. MacDonald, den illegalen Whiskeyhandel der Amerikaner mit den Indianern zu stoppen. Eine zentrale Polizeitruppe nach irischem Vorbild rückte in die faktisch gesetzlose Region im Nordwesten ein; der »North West Mounted Police« gelang es binnen kurzem, die Region zu befrieden. So erlebte Kanada im Gegensatz zu den USA nie einen Wilden Westen und keine Gemetzel an den Ureinwohnern. Deshalb stand und steht die Polizeitruppe, die 1920 ihren heutigen Namen erhielt, bei den Indianern auch immer noch hoch im Kurs. Und in der Tat verfolgten Polizisten flüchtige Täter quer durch die unwegsamen Rocky Mountains und bis in die Arktis. So entstand der Ruf von den Mounties, die ihren Mann immer kriegen.

Aber wer ist schon vor allen Pannen gefeit? Daß dem nicht so ist, mußte die RCMP erleben, als sie die Vermarktungsrechte an ihrem Namen und Auftreten 1995 an den Disney-Konzern verkaufte. Damals ging ein Aufschrei durch das Land, aber die Polizeitruppe argumentierte, nur ein erfahrener Lizenzhändler wie Disney könne den Mounties-Kitsch in Kanada eindämmen. Und Disneys Lizenzgebühren seien willkommen bei den Wohltätigkeitsaktionen der Rotröcke.

Auch um dieses schmucke Gewand hat sich eine Legende gesponnen: Die North West Mounted Police sei so schnell zusammengestellt worden, daß man sich für die Uniformen nur in den Stofflagern der britischen Armee habe bedienen können. Da sei aber nur rotes Tuch übrig gewesen. Der Regierung in Ottawa war es jedoch gewiß sehr recht, daß ihre Polizisten äußerlich an die Soldaten der Krone erinnerten. Und weil gerade junge Burschen in den roten *(scarlet)* Jacken sehr schmuck aussehen, haben sich zumindest in der Vergangenheit die jungen Kanadierinnen nachdrücklich für die Beschützer der Nation interessiert. So erhielt das englische Wort für die Krankheit Scharlach, *scarlet feaver,* eine zweite Bedeutung.

Fest im Glauben und tief in der Prärie

Wir sprachen beide deutsch, aber eine flüssige Konversation kam erst zustande, als wir ins Englische hinüberwechselten: Karls Deutsch faszinierte allerdings durch seine antiquierte Wortwahl und durch seine ungewöhnliche Betonung. Wir hatten Karl getroffen, weil er in einer Buchhandlung in Winnipeg den »Boten« gekauft hatte, eine der deutschsprachigen Mennoniten-Zeitungen in Kanada.

Darüber kamen wir ins Gespräch, wir wollten etwas über die Mennoniten wissen. »Wir sind eine aus Deutschland, Holland und der Schweiz stammende Religionsgemeinschaft, die zu Zeiten der Reformation entstand. Weil wir jeden Militärdienst verweigern, mußten wir unsere Heimat

Mitglieder einer Hutterer-Familie.

verlassen; die meisten Gemeinden gingen nach Osteuropa. Als auch dort der Druck des Militärs auf uns wuchs, zogen wir um nach Kanada, das versprach, uns nach den Regeln unserer Religion leben zu lassen. Ihr kennt vielleicht die Amish, sie entstanden aus der Mennonitenkirche.«

Karl hatte auch eine Jahreszahl parat: »1874 kamen die ersten Mennoniten nach Manitoba, wo ihnen Land für ihre Höfe versprochen worden war. Vorher hatten sich schon Glaubensbrüder im heutigen Ontario niedergelassen.« Wie viele Mennoniten es insgesamt gibt, wußte Karl nicht. Wir fanden es später heraus: Etwa 750 000 gehen in der ganzen Welt ihrem frommen, arbeitsamen Leben nach, fast jeder siebte von ihnen lebt in Kanada.

Im Gegensatz zu anderen Religionsgemeinschaften stellen die Mennoniten ihren Glauben gerne öffentlich dar. Bei Steinbach, das etwa 60 Kilo-

Die Hutterer und die Mennoniten (oben) sind zwei protestantische Glaubensgemeinschaften, die mit harter Arbeit aus der grasbewachsenen Prärie blühende Felder gemacht haben. Auch die heutigen Generationen sind meist bei der Landwirtschaft geblieben.

meter südöstlich von Winnipeg liegt, zeigt das Mennonite Heritage Village mit einem rekonstruierten historischen Dorf und einem Museum, wie ihr Leben in früheren Zeiten aussah. Nur wenige Mitglieder der Kirche tragen heute noch die altertümlichen Gewänder oder fahren nur in Pferdekutschen statt mit dem Auto. Gerade Kanadas Mennoniten haben viele alte Bräuche zurückgestellt und sich den neuen Zeiten in Maßen angepaßt.

Was weiß Karl über die Hutterer? »Nicht viel. Sie stammen auch aus der Reformationszeit. Auch bei ihnen werden die Menschen erst als Erwachsene getauft. Genauso wie wir sprechen sie immer noch Deutsch. Ich habe einmal einen Hutterer getroffen, aber unser Deutsch war sehr unterschiedlich. Gemeinsam ist uns die Vertreibung quer durch Europa und aus den USA nach Kanada, auch in die Präriestaaten. Ein Hauptgrund war wohl auch bei ihnen die Weigerung, Militärdienst zu leisten. Aber mehr weiß ich nicht, die Hutterer leben noch zurückgezogener als wir.«

In der Tat, die rund 35 000 Hutterer in Nordamerika (zwei Drittel sind in den Präriestaaten ansässig) leben wie einst in »Kolonien« und nach den Sitten und Gebräuchen der alten Zeit. Aller Besitz gehört der Kommune, wenn eine Kolonie mehr als 130 bis 150 Mitglieder hat, spaltet sich eine neue Gemeinschaft ab. Jede Kolonie betreibt Landwirtschaft, im Gegensatz zur antiquierten Kleidung und Sprache allerdings mit modernen Maschinen.

Gewiß, die Religionsfreiheit war das Verlockende an Kanada. Aber warum konzentrierten sich die beiden Glaubensgemeinschaften so stark in den Prärieprovinzen? Karl konnte uns diese Frage einleuchtend beantworten: »Dort bekamen wir sofort Ländereien. Der Westen galt wegen seiner Gras-Prärie nicht als taugliches Bauernland. Wir haben das Gegenteil gezeigt und so die Kornkammer Amerikas begründet.«

Sie sind schwarz, braun oder weiß – und alle keine Teddies

Kanada hat sie in Schwarz, Braun und Weiß, die Gattung Ursus. Wobei das mit den Farben so eine Sache ist: Schwarzbären streifen nicht nur in der Trauerfarbe durch die Wälder, sondern oft in dunklen Braunschattierungen. Und der klassische Braunbär, der mächtige Grizzly, kommt nicht selten in Beige oder gar Honiggelb daher. Eisbären schließlich sind – schwarz.

Zumindest ihre Haut ist schwarz, und die scheinbar weißen Pelzhaare sind farblos transparent. Sie reflektieren aber den größten Teil des Lichtes, das läßt sie weiß erscheinen. Die wärmenden UV-Strahlen werden jedoch wie in einer Stromleitung direkt zur Haut geführt und dort gespeichert. Deshalb gibt das Eisbärenfell, wie Versuche mit Infrarotkameras gezeigt haben, keinerlei Wärme ab. Damit sind die Tiere, die von den Inuit »Nanook« genannt werden, optimal für das Leben in der Arktis ausgestattet, zumal sie beim Schwimmen im Eismeer durch eine dicke Fettschicht geschützt werden. Eisbären sind übrigens vorzügliche Schwimmer, Touren über mehr als 100 Kilometer durch die arktische See sind keine Seltenheit.

»Polar Bear Capital of the World« nennt sich zu Recht die Stadt Churchill an der Hudson Bay in Manitoba. Dort ist der einzige Platz, wo es die notorischen Einzelgänger für längere Zeit miteinander aushalten: Auf einem 160 Kilometer langen Küstenstreifen versammeln sich im Frühherbst Hunderte von Eisbären. Sie warten darauf, daß die Bay zufriert, weil sie ihre Hauptbeute, die Robben, auf dem Eis leichter jagen können als an der Küste.

In diesen Wochen herrscht in Churchill »Polar Bear Alert«, denn die furchtlosen Kolosse trotten auch durch die Straßen. Alle Hauseingänge werden verstärkt, damit die Bären nicht der Lebensmittel wegen einbre-

Die Eisbären gelten als eine der gefährlichsten Raubtiergattungen. Im Gegensatz zu ihren braunen Vettern, den Grizzlies, sind sie nicht scheu und sehen im Menschen eine durchaus willkommene Beute.

chen. Die Kinder dürfen nicht im Freien spielen und werden mit dem Auto in die Schule gefahren. Churchill hat aber auch die Erfahrung gemacht, daß es mit den Eisbären eine echte Touristenattraktion hat. Und die Eisenbahn, die gebaut worden war, weil Churchill Manitobas einziger Hochseehafen ist, preist sich selbst als »Touristtrain to the Bears«, zumal Begegnungen mit den weißen Riesen – vom sicheren Tundra-Buggy aus – nahezu garantiert sind.

Weniger leicht ist es, den »Herrn der Wälder«, den nicht minder starken Grizzly, anzutreffen. Einst war er auch in der Prärie heimisch, jetzt lebt er nur noch in den Territories, den Rocky Mountains und in British Columbia. Ein Grizzly kann aufgerichtet leicht 2,50 Meter groß werden. Für die Indianer war er stets ein heiliges Tier, die Weißen haben den inzwischen geschützten Bären fast bis zur Ausrottung gejagt. Der Grizzly, aus Westernromanen und -filmen als gefährliche Bestie bekannt, geht in Wirklichkeit den Menschen aus dem Weg. In der Regel greifen die bis zu 50 Stundenkilometer schnellen Grizzlies nur an, wenn sie überrascht werden oder ihre Jungen schützen.

Zu Zwischenfällen kommt es hauptsächlich in den Nationalparks, wo sich Mensch und Tier öfter begegnen. Deshalb sollen Wanderer Glöckchen an der Kleidung tragen, damit die Bären die nahenden Menschen rechtzeitig hören und sich ins Unterholz schlagen können. Diese Warnung gilt genauso für die etwas kleineren, häufig anzutreffenden Schwarzbären – auch sie sind keine Teddies. Und wahrlich sind nicht alle so gutmütig wie jenes Exemplar, das eine Familie auf einem Picknickplatz

mit vereinten Kräften in ihr Auto bugsieren wollte. Ein »originelles« Video sollte daraus werden. Ein zufällig des Weges kommender Parkranger machte dem gefährlichen Spiel ein Ende.

Die verschiedenen Bärenarten gehen sich in Kanada meist aus dem Weg. Aber an der Baumgrenze im hohen Norden kann es passieren, daß sich Eisbären und Schwarzbären einmal begegnen. Die an ihrem Buckel erkennbaren Grizzlies bevorzugen jedoch andere Jagdgebiete.

VII Alberta – platte Prärie und rauhe Rockies

Alberta ist der westlichste aller Präriestaaten, und wer von Osten kommt, rollt wie in Saskatchewan durch horizontweite Weizenfelder. Aber hier haben sich die wirtschaftlichen Gewichte bereits verschoben. »King Wheat« hat abgedankt, steht von seiner Bedeutung her nur noch hinter Viehzucht und Erdöl. Die »Scheichs des Nordens« beuten in Alberta 80 Prozent aller Öl- und 90 Prozent der Gasvorkommen Kanadas aus. Womöglich müssen die Rancher und die Weizenfarmer bald noch weiter zurücktreten, denn der Tourismus wird ökonomisch immer wichtiger. Und so war es von Anfang an geplant.

»Da wir die Berge nicht zu den Menschen bringen können, müssen wir die Menschen eben zu den Bergen bringen«, verkündete 1886 Kanadas

Wie ein Kunstwerk wirken aus der Luft die Muster, die von den mächtigen Erntemaschinen auf den scheinbar endlosen Feldern in den Prärieprovinzen gezogen werden.

Eisenbahnkönig William Cornelius van Horne, nachdem er die Trasse seiner »Canadian Pacific Railway« durch die Rocky Mountains hatte hämmern lassen. Lange vor seinen Zeitgenossen erkannte er, welche Chancen sich dem Tourismus in der Bergwelt Albertas eröffneten. Zu jener Zeit

Alberta ist geographisch eine zweigeteilte Provinz: im Osten die flache Prärie, im Westen die hoch aufragenden Rocky Mountains. Alberta ist auch eine gesegnete Provinz; die Felder in der Prärie sind ertragreich, die Rockies sorgen für einen nicht versiegenden Strom von Touristen, und überdies sprudelt noch Öl aus der Erde, wie die mächtigen Erdölpumpen anzeigen.

Die etwas einfallslos benannte Banff Avenue ist zugleich Flanier- und Einkaufsmeile von Banff, dem bekanntesten Ferienort in den kanadischen Rocky Mountains.

war Kanadas westlichster Landstrich vor der Gebirgsbarriere noch ein entlegener Wildnisdistrikt. Und selbst die Ankunft der Eisenbahn, die auf ihrem Weg von Westen her überall für schnelles Wachstum gesorgt hatte, wirkte sich hier erst Jahre später aus. Zwischen den majestätischen Gipfeln gab es keine Wege und Unterkünfte.

Aber auch in den Rocky Mountains waren es Eisenbahnarbeiter, die das Startzeichen für Albertas einträglichen Tourismus gaben: Beim Bau der »Canadian Pacific« entdeckten sie 1883 mitten in den Bergen heiße Schwefelquellen und verlangten fortan von allen, die dort ein heilsames Bad zu nehmen wünschten, Eintrittsgeld. Das mißfiel der Bahngesellschaft, die Ottawa vorschlug, aus dem Quellenrevier einen etwa zehn Quadratkilometer großen Nationalpark zu machen, in dem weder Siedlungen noch Geschäfte erlaubt sein sollten. So geschah es, und bei den Quellen entstand ein kleines Urlaubszentrum, Banff genannt. Wenige Jahre später, 1892, wurde der Lake Louise in den Bergen entdeckt und wegen seiner Schönheit in den Park einbezogen.

Heute erstreckt sich der Banff National Park über 6 640 Quadratkilometer und ist eine der großen Touristenattraktionen Kanadas: der Mount Rundle, der sich über Banff erhebt, dürfte der meistfotografierte Gipfel des Landes sein, Lake Louise der meistfotografierte See. Das Banff Springs Hotel und das Château Lake Louise, beide im Stil großer schottischer Adelssitze erbaut, dürften mit Québecs Château Frontenac um den Ruhm des meistfotografierten Hotels in Kanada streiten. Über vier Millionen Menschen besuchen inzwischen alljährlich den Banff National Park.

Charlie Zinkan, der Parkchef, sieht die Grenzen für das Areal nahezu erreicht. »Wir haben erkannt, daß es Streß gibt, dagegen wollen wir angehen«, sagte er einem britischen Reporter. Im Park werden keine Hotelneubauten erlaubt, auch bei den drei Skirevieren soll es bleiben. Der Trans-Canada Highway wird in den Rockies vierspurig ausgebaut, um die sommerlichen Staus aufzulösen. Zugleich erhält er eine Reihe von 50 Meter breiten Spezialbrücken, um den Tieren ein gefahrloses Überqueren zu ermöglichen. Und neben dem eindrucksvollen Icefields Parkway, der entlang der Bergkette und dem Bow River durch den Park führt, verläuft zur Entlastung bereits eine Parallelstraße, der Bow Valley Parkway.

Der Parkway führt auch in den direkt angrenzenden 10 800 Quadratkilometer großen Jasper National Park. Dort geht es etwas ruhiger zu, obwohl bei Miette die heißesten Quellen Kanadas sprudeln. An der Nahtstelle zwischen den beiden Parks zweigt eine Stichstraße ab zum Athabasca Glacier, einem Gletscher an der Flanke des höchsten Berges in Alberta, dem 3 747 Meter hohen Mount Columbia. In Spezialfahrzeugen kann man hier Touren über das Eis unternehmen. Das über 300 Quadratkilometer weite Columbia Icefield gilt als der größte Gletscher Nordamerikas.

Jasper ist das Zentrum des bereits 1907 entstandenen, nach der Ortschaft benannten Nationalparks. Es wird überragt vom 2 464 Meter hohen Whistler, dessen Gipfel man bequem mit einer Gondelbahn erreichen kann. Der »Pfeifer«, wie kommt ein Berg zu solch einem Namen? »Wenn der Wind aus einer bestimmten Richtung bläst, gibt es am Berg, so sagen die Einheimischen, deutliche Pfeiftöne«, erklärte der Ticketkontrolleur an der Seilbahn. Dies ist eine Erklärung. Eine andere besagt, daß der Berg nach den Murmeltieren (*whistler* oder *marmot*) in den Geröllhalden der Gipfelregion benannt ist. Dann, nach einer kleinen Besinnungs-

Spirit Island im Jasper National Park ist eines der beliebtesten Fotomotive im kanadischen Westen.

Die herbstliche Nachsaison ist eine der besten Reisezeiten für eine Fahrt auf dem Rocky Mountains Highway, denn dann ist die Prachtstraße durch das Gebirge relativ wenig befahren.

pause: »Hier war auch einmal ein Professor aus Edmonton. Der sagte, der Name hänge mit einer alten indianischen Sage zusammen. Nach seinen Worten war der Berg eine Begräbnisstätte für die verstorbenen Krieger der Squamish, die zu Lebzeiten als besonders mutig gegolten hatten. Die Squamish nannten deswegen das Land um den Whistler das Starkwindgebiet.« Bei uns jedenfalls blieb der Whistler stumm. Dafür hatten wir klare Sicht und konnten sogar den Mount Robson im benachbarten British Columbia erkennen. Mit 3 954 Metern ist er der höchste Berg in den Rockies.

Die Schönheit des Jasper Parks wurde ebenfalls beim Eisenbahnbau entdeckt. Während durch den nördlichen Park die »Grand Trunk Railway« dem Yellowhead Pass entgegenstrebt, hatten sich vor mehr als hundert Jahren die Erbauer der »Canadian Pacific Railway« für eine Route über den weiter südlich liegenden Kicking Horse Pass entschieden.

Die Südroute führt von Calgary, die Nordroute von Edmonton in die Berge. Beide Städte sind durch die Bahn groß geworden. Während Edmonton schon seit rund hundert Jahren als Fort und Handelsposten existiert hatte, entstand Calgary erst 1875, wenige Jahre vor Ankunft der Bahngleise, als Polizeiposten. Ein weiterer Pluspunkt für den Norden im immerwährenden Wettstreit der beiden Metropolen: Edmonton ist mit rund 850 000 Bewohnern größer als Calgary, das es auf gut 800 000 Einwohner bringt. Und schließlich: Nicht das damals bedeutendere Calgary ist 1905 zur Hauptstadt der neuen Provinz Alberta erkoren worden, sondern Edmonton.

Die »Calgarians« verraten auch gerne, wieso: Im damaligen Kabinett in Ottawa saß ein Minister, der aus Edmonton kam. Die Rivalität zwischen den beiden nahezu 300 Kilometer entfernten Städten hat aber noch andere Gründe. In Calgary fanden sich die überwiegend angelsächsischen Viehzüchter zusammen, in Edmonton, in Mittel-Alberta, ließen sich vorzugsweise die aus aller Welt eingewanderten Getreidefarmer nieder.

Die Hauptstadt, geographisch auf der Höhe von Kopenhagen gelegen, bezeichnet sich selber als »Tor zum Norden«. Von dieser Lage hat Edmonton erstmals profitiert, als 1897 am Klondike River im Yukon Territory Gold entdeckt wurde und ein globaler Goldrausch ausbrach. Die meisten Glücksritter strebten den Goldfeldern über amerikanisches Territorium in Alaska entgegen. Edmonton bot eine Hintertür an, die »All Canadian Route«, über die man ohne Zollzahlungen an den Bonanza Creek gelangen konnte. Die rund 3 000 Kilometer lange kanadische Route folgte alten indianischen Handelspfaden. 2 000 Goldgräber versuchten es auf diesem nicht ungefährlichen Weg, nur wenige schafften es. James A. Michener wählte einen solchen Versuch als Vorlage für seinen Roman »Journey«.

Den besten Blick auf den Moraine Lake unweit von Lake Louise bietet das Ende des nur 800 Meter langen »Rockpile Trail«.

Kodak
CAPTURE THE
COL R

◁ »World Water Park« heißt das größte Hallenbad der Welt, es ist Teil der West Edmonton Mall, eines der größten Einkaufs- und Vergnügungszentren in Amerika.

Die Flüsse im kanadischen Westen, die während der Schneeschmelze zu reißenden Strömen anschwellen, schaffen sich immer wieder einen neuen Verlauf, sei es der Athabasca River an der Grenze von Alberta nach British Columbia (oben links), sei es ein meist kleiner Zufluß zum Kathleen Lake im Yukon (Mitte) oder eine Flußmündung bei Whistler in British Columbia.

Edmonton verdiente außerordentlich gut an den Goldsuchern und blühte auf. Noch heute feiert die Stadt alljährlich ihre »Klondike Days«. Während der zehn Tage im Juli kleidet sich die halbe Stadt, als stünde die Wende vom 19. zum 20. Jahrhundert an, und überall finden mehr oder minder historisch inspirierte Festivitäten statt. Der Fort Edmonton Park, ein Freiluftmuseum, läßt diese goldenen Tage ganzjährig wiederaufleben. Die *good old times* sind auch noch an den Gebäuden in Strathcona erkennbar. 1912 wurde der heutige Stadtteil am jenseitigen Ufer des Saskatchewan River mit Edmonton vereinigt. Im selben Jahr stellte die Provinz am Flußufer auch ihr Parlamentsgebäude – selbstverständlich mit eindrucksvoller Kuppel – fertig. An der Jasper Avenue kristallisierte sich das Stadtzentrum heraus.

Im Jahr 1927 begann der Luftverkehr auf dem städtischen Flughafen, dem ältesten in Kanada. Hier starteten jene Weltkriegsveteranen, die auch noch in der abgelegensten Wildnis für Transport und notfalls für Hilfe sorg-

Im Maligne Canyon, einem besonders spektakulären Teil des Jasper National Parks, fräst sich seit Jahrmillionen ein Bergbach durch die Felswände (links).

Im klaren Wasser des Sunwapta River spiegeln sich die Bergriesen der Rockies.

Bevor Calgary von Albertas Ölboom erfaßt wurde, war der Uhrturm des Rathauses das höchste Gebäude der Stadt. Inzwischen hat sich Calgary eine attraktive Skyline zugelegt, vor der das Sportstadium »Saddledome« mit seinem geschwungenen Dach einen reizvollen Kontrast bildet.

◁ Viele Gipfel der kanadischen Rockies, so auch der Mount Whistler, haben Bergseen zu ihren Füßen, was die Schönheit dieser alpinen Welt noch steigert. Ähnlich attraktiv ist es, das Panorama der größten kanadischen Bergkette von den Höhen der Wanderwege zu bewundern.

ten. Sie begründeten den bis heute gültigen legendären Ruf der kanadischen *bush pilots*. Die Canadian Aviation Hall of Fame erinnert an die Pioniere der Luft.

Edmontons zweiter Boom begann im Zweiten Weltkrieg, als die USA fürchteten, Japan werde den Seeweg nach Alaska abschneiden. Binnen acht Monaten wurde eine Straße nach Alaska durch die Wildnis geschlagen, Edmonton wurde damals von Menschen und Geld geradezu überschwemmt. Vielleicht hat die Stadt deshalb so verhalten reagiert, als 1947 in Leduc, 16 Kilometer südlich von Edmonton, eine Ölquelle angebohrt wurde. Alberta wußte bereits seit 1890, daß es Erdöl besaß. Als Bohrer 1914 südlich von Calgary auf Öl gestoßen waren, engagierte sich die Stadt sofort und begründete damit ihren Titel als »Oil Capital of Canada«. Aber Edmonton verdient auch nicht schlecht, denn dort sind Albertas Raffinerien angesiedelt.

Mit ihnen wurde die Hauptstadt reich und konnte sich einige Superlative leisten: Das Citadel Theatre ist die größte Bühne Kanadas, das Planetarium im Space & Science Centre sucht seinesgleichen und die West Edmonton Mall ist das größte überdachte Einkaufszentrum der Welt: 800 Geschäfte, elf Kaufhäuser, über 100 Restaurants, 19 Kinos, Eisbahn, Rummelplatz mit Achterbahn, »Fantasy Land Amusement Park«, »World Water Park« mit U-Boot-Fahrten – alles zwischen 1981 und 1986 für mehr als eine Milliarde Mark erbaut.

Da staunten selbst die Calgarians, die ansonsten Edmonton in allem Paroli bieten. Ihre Antwort waren 1988 die Olympischen Winterspiele. Calgary hat dabei in jeder Hinsicht gewonnen. Die Stadt hat das Sportspektakel professionell und profitabel abgewickelt und sich zugleich weltweit bekannt gemacht als eine Metropole mit allen Annehmlichkeiten, die nur eine Autostunde von den Reizen der Rocky Mountains entfernt liegt. Seither ist die Region auf der Landkarte anspruchsvoller europäischer Wintersportler präsent, Calgary hat außerdem als Zugang zum sommerlichen Bergrevier spürbar an Bekanntheit gewonnen.

Den Spielen verdankt Calgary auch sein jüngstes Wahrzeichen, den Saddledome, dessen Form und Dachkonstruktion an einen jener bequemen Westernsättel erinnert. Hauptwahrzeichen bleibt dennoch der 190 Meter hohe Calgary Tower, von dessen Drehrestaurant oder Aussichtsplattform sich an klaren Tagen ein schöner Blick auf die Rockies bietet. Und an Gelegenheiten dafür mangelt es in Alberta, in Anlehnung an Floridas Werbung als »Northern Sunshine State« gepriesen, in der Regel nicht. Mit den vorherrschenden westlichen Winden werden die Wolken vom Pazifik an die Westflanke des Gebirges gedrückt und regnen sich ab, der Provinz bleibt der klare, blaue Himmel.

Eine klimatische Besonderheit ist der nach einem Indianerstamm an der Mündung des Columbia River benannte »Chinook«, ein warmer, trockener Föhnwind: Über dem Columbia und an der Westflanke der Rocky Mountains erwärmen sich starke Windströme, die in die Ebene von Alberta »einfallen«. Besonders im eisigen Präriewinter kann der Chinook deutlich spürbar werden, in Calgary hat man schon binnen einer Stunde Temperatursteigerungen von maximal 25 Grad gemessen.

Dem meist bitterkalten Winter verdankt die Stadt ihre Antwort auf die »Unterwelten« von Toronto, Montréal und – ansatzweise – Edmonton: Durch die Innenstadt von Calgary zieht sich in etwa fünf Meter Höhe ein System von Fußgängerwegen, das im Winter mit Plexiglaselementen abgedeckt wird. »Plus 15 Skywalks« werden die 15 Fuß hoch gelegenen Wege genannt, die auch einige der Attraktionen Calgarys verbinden, beispielsweise die Devonian Gardens, einen größeren Park unter Glas, die Fußgängerzone in der Stephen Avenue Mall oder das Glenbow Museum mit seiner Indianer-, Eskimo- und Westernsammlung.

Lebendig wird die Westernepoche hingegen im Heritage Park, einem als Tribut an die Pioniertage angelegten Freiluftmuseum. Diese werden in Calgary besonders hochgehalten, denn die Stadt hat ihren frühen Reichtum als *cowtown* angehäuft. Die Viehherden der umliegenden Ranches waren ein gutes Geschäft, der Schlachthofbesitzer wurde zum ersten Mil-

Die Olympic Plaza erinnert an die größten Stunden Calgarys, die Olympischen Winterspiele von 1988.

lionär Calgarys. Man trug Western Boots, Blue Jeans und Stetsons, politisch war man konservativ, ganz im Gegensatz zu den gemäßigt liberalen Weizenfarmern rings um Edmonton. Die politische Trennlinie gilt bis heute, und das Rancherimage wird auch in »Oiltown« weiterhin gepflegt. Die Sitten sind herzlich und unkompliziert. So galt es als »typisch Calgary«,

daß die freiwilligen Helfer während der Spiele zum Entsetzen der olympischen Gralshüter ihre Würstchen und Marshmallows über der Olympischen Flamme grillten.

Es muß schon in prähistorischer Zeit einiges los gewesen sein in Alberta. Das belegt, zumindest im Modell, St. George's Island im Zoo von Calgary. In Lebensgröße stehen hier Dinosaurier aller Art herum, die in grauer Vorzeit offensichtlich in großer Zahl durch die mutmaßlich schlammigen Ebenen streiften. Davon zeugen der Dinosaur Province Park und der »Dinosaur Trail« bei der Stadt Drumheller. Hier, in der heute reizvoll kargen, ausgewaschenen Landschaft, finden sich mehr Dinosaurierknochen als irgendwo sonst auf der Welt.

Vor gut hundert Jahren wurden die ersten Saurierreste in der kargen Landschaft der *badlands* als solche erkannt: Der junge Geologe Joseph B. Tyrrell konnte etwas anfangen mit den gewaltigen Knochenteilen, die zwischen den *hoodoos,* den auffälligen Erosionssäulen in den *badlands,* vom Regen ausgewaschen und vom Wind freigelegt worden waren. Unter diesen Knochen fand Tyrrell, dem heute das Dinosauriermuseum in Drumheller gewidmet ist, auch Reste eines mächtigen fleischfressenden Raubdinosauriers. Der Wissenschaftler zeigte sich der Provinz dankbar, er nannte die Bestie »Albertosaurus«.

Hoodos werden die von der Erosion ausgewaschenen Erdtürme genannt, die dem Dinosaur Provincial Park und der Gegend um Drumheller im Süden Albertas ihr unverwechselbares Aussehen geben. Und weil hier immer wieder Dinos aus dem weichen Grund gespült und gegraben werden, wirbt die Stadt auch mit den Urechsen – im Royal Tyrrell Museum of Paleontology kann man sehen, was von den Bestien übrigblieb.

Ein fast komplettes Skelett eines bei Drumheller gefundenen Sauriers hat man nach Toronto verfrachtet, wo es im Royal Ontario Museum zu sehen ist. ▷

Naturschutz-Episteln vom falschen Indianer

»Heute plustern wir uns mächtig auf mit unseren Nationalparks. Aber Kanada war alles andere als ein Vorreiter in Sachen Naturschutz«, sagte uns Jim, der zu fröhlichem Zynismus neigende Ranger im Jasper National Park. »Die amerikanischen Vettern waren uns in dieser Hinsicht weit voraus.« In der Tat, Yellowstone in den amerikanischen Rockies wurde 1872

So abwechslungsreich wie die Landschaft im Westen ist, so vielfältig ist auch das Tierleben: In der Prärie bei Drumheller (oben) haben die kleinen Tiere des Feldes ihren Lebensraum gefunden, während der Icefields Parkway, hier am Athabasca Glacier (rechts, oben), in die Region der Bergziegen vorstößt. In den zahlreichen Gewässern bauen die Biber ihre Burgen und in den Wäldern suchen die Elks, die Wapiti-Hirsche, ihre Nahrung.

zum ersten Nationalpark der Welt. Kanada stellte 1885 in Banff den ersten Park unter staatlichen Schutz, aber auch dies eher aus wirtschaftlich-touristischen als aus naturschützerischen Gründen.

Der Einsatz für den Naturschutz ist in Kanada eine relativ junge Einstellung, vielleicht, weil das Land Natur im Überfluß hat. Zwar war bereits 1863 ein »Natur-Club« gegründet worden, aber sein Ziel war vornehmlich ein Wildnis-Management im Interesse der Jäger. Gegen Ende des 19. Jahrhunderts kam in den großen Städten der Gedanke der Naherholung hinzu. National- und Provinzparks, die zunächst in entlegenen Gebieten des Landes eingerichtet worden waren, entstanden nun auch in der Nähe der Metropolen. Mit dem 7 600 Quadratkilometer großen Algonquin Provincial Park wurde 1893 der Anfang gemacht; er ist gut 200 Kilometer von Toronto entfernt, für kanadische Verhältnisse ein Nahziel.

Erst in den 1960er Jahren entwickelte sich der Gedanke, daß die Natur nicht allein ihrer schönen Szenerie und ihres Erholungswertes wegen erhalten werden sollte. Die Zerstörung der Umwelt wurde zunehmend als Zerstörung der menschlichen Lebensgrundlagen verstanden. Es ist kein Zufall, daß Greenpeace in Kanada entstand.

Männer wie Grey Owl (»Graue Eule«), mit seinen sehr populären Büchern über die kanadische Wildnis, hatten den Weg dafür bereitet. Der angebliche Sohn eines Schotten und einer Apachen-Indianerin lebte anfangs bei den Ojibwa in Nord-Ontario, später in den Nationalparks im Westen. Seine Vorträge zum Naturschutz waren in ganz Kanada stets ausverkauft. Nach seinem Tod 1938 wurde bekannt, daß Grey kein Halbindianer, sondern ein Brite namens George Stansfeld Belaney war, der als Jugendlicher aus Indianer-Begeisterung nach Kanada ausgebüxt war. Seine Bücher und Botschaften gerieten auf Grund der Empörung über diesen »Betrug« in Vergessenheit. Heute stehen Grey Owls Werke bei Kanadas Naturschützern aber wieder hoch im Kurs.

Der 190 Meter hohe Calgary Tower macht selbst im Gegenlicht des Sonnenuntergangs die Silhouette der Stadt unverkennbar.

Wagenrennen auf kanadisch

»Greatest Outdoor Show on Earth« – unter diesem Titel tut es die »Calgary Stampede« nicht. Das zehntägige Rodeo im Juli ist vielleicht das bekannteste, aber ob es das größte ist, bleibt angesichts zahlreicher Mammutveranstaltungen in den USA fraglich. In der Spitzengruppe liegt Calgary mit einer Preissumme von mehr als 500 000 Dollar jedoch in jedem Fall. Und die größte Freiluftschau könnte die Stampede durchaus sein, denn sie ist verbunden mit einer großen Landwirtschaftsausstellung, mit Konzerten und einem Vergnügungspark. Die Agrarschau entstand bereits 1886, 1912 wurde sie erstmals mit einem Rodeo verbunden. Obwohl es ein großer Erfolg war, fand das nächste erst nach dem Krieg 1919 statt.

Rodeo, das einstige ländliche Cowboy-Vergnügen, ist längst Big Business, und es gibt keine Provinz in Kanada, die nicht wenigstens hin und wieder eines feiert. Dafür sorgen schon die Profis beiderlei Geschlechts, die das ganze Jahr durch Nordamerika touren. An Engagements fehlt es nicht, da zumindest in der Sommersaison an jedem Wochenende Rodeos angesetzt sind. Das Programm der einzelnen Veranstaltungen ist meistens ähnlich, Höhepunkte sind die Wettbewerbe, bei denen sich die Teilnehmer so lange als möglich auf noch nicht zugerittenen und wild buckelnden Pferden oder auf Stieren zu halten versuchen. Hinzu kommen Turniere für

Lassowerfer, die Kälber einfangen müssen, Wettrennen zu Pferd um Tonnen, die in der Arena aufgestellt wurden, oder das *steer wrestling*. Dabei muß ein Reiter neben dem rennenden Stier vom Pferd abspringen und ihn bei den Hörnern packen, um ihn schließlich niederzuringen.

Die Stampede in Calgary hat eine Spezialität eingeführt: die *chuckwagon races*. Dabei werden Planwagen, wie sie einst für die Verpflegung beim Viehtrieb mitgeführt wurden, von vier Pferden gezogen – ein aufregendes Ereignis, gegen das sogar altrömische Wagenrennen verblassen, sagen die Rodeo-Fans. Kein Wunder, wenn es wie in Calgary um rund eine Viertelmillion Dollar geht.

Rodeos sind, wie das spanische Wort *rodear* für »umrunden« und »zusammentreiben« erkennen läßt, im Südwesten der USA entstanden. Sie kamen mit dem Viehtrieb und später auch mit Wildwest-Shows à la Buffalo Bill in den Norden. In allen Disziplinen gibt es inzwischen »Weltmeisterschaften«, die de facto nordamerikanische Wettkämpfe sind. Kanadier haben dabei mehrfach erste Plätze errungen. Daneben gibt es auch nationale Meisterschaften, die kanadischen werden traditionsgemäß in Edmonton ausgetragen. Aber, so lästern die Rivalen in Calgary, was ist schon solch ein nationaler Titel gegen einen Gewinn bei der Stampede?

Alt, faltig und bewundert

Vor rund 600 Millionen Jahren begann der Prozeß, aus dem eines der machtvollsten Gebirge der Welt entstand: die Rocky Mountains. Damals bestand Nordamerika aus einer gewaltigen, gen Westen geneigten Granitplatte, die allmählich erodierte. Aus den Felsformationen wusch der Regen Steine und Sandkörner, die von den Flüssen in den Pazifik transportiert wurden. Dort bildete sich über die Jahrtausende eine kilometerdicke Sedimentschicht, deren Druck die Partikel zu Sandstein oder Korallentiere zu Kalkstein zusammenpreßte.

Das nächste Kapitel begann vor etwa 60 bis 20 Millionen Jahren, als die ostwärts gleitende pazifische Erdplatte mit der amerikanischen Kontinentalplatte kollidierte. Dabei wurde die Sedimentschicht so aufgeschoben, daß sich aus ihren Faltungen in mehreren Zeitabschnitten die beiden Kämme der Rocky Mountains und der Coast Mountains in British Columbia formten. Diese Entstehungsgeschichte erklärt zum einen, weshalb die Berge so unvermittelt aus der Prärieebene emporsteigen, und zum anderen, warum im Yoho National Park hoch in den Bergen Versteinerungen von Meerestieren gefunden wurden.

3 363 Meter hoch ist der Mount Edith Cavell, dessen beeindruckende Steilwand sich bei Jasper über dem Cavell Lake erhebt. Ein typischer Gegensatz zu den ruhigen, oft spiegelglatten Seen in den Rockies sind tosende Wasserfälle wie die Athabasca Falls (oben).

Der kanadische Teil des heute größten Bergsystems Amerikas erstreckt sich über etwa 1 200 Kilometer von der US-Grenze bis zum Liard River im Norden. Die Bergkette bildet die Grenze zwischen Alberta und British Columbia, sie ist zugleich die kontinentale Wasserscheide: Die Flüsse strömen von hier aus entweder in Richtung Pazifik oder in Richtung Osten respektive Süden.

Die ältesten menschlichen Spuren in den kanadischen Rockies sind nur 4 000 Jahre alt. Damals begannen die Shuswap- und die Kootenay-Indianer, über die Bergpässe in die Jagdgründe auf der Prärie hinabzusteigen. Der erste Europäer, der die Bergkette überwand, war 1793 Alexander Mackenzie.

Vier ineinander übergehende Nationalparks, Banff, Jasper, Kootenay und Yoho, bilden in den kanadischen Rockies das größte alpine Schutzgebiet der Welt. Zahlreiche Gipfel sind höher als 3 000 Meter, der höchste ist mit 3 954 Metern der Mount Robson nordwestlich von Jasper in British Columbia. Albertas höchster Berg ist der 3 747 Meter hohe Mount Columbia im Gebiet des Columbia Icefields.

VIII

British Columbia – Kanadas pazifisches Juwel

Die Antwort kam von der Königin persönlich, Queen Victoria schrieb: »Der einzige Name, der für das gesamte Territorium auf allen von der Königin konsultierten Landkarten existiert, ist *Columbia*. Aber es gibt bereits ein Columbia in Südamerika, und die Bürger der Vereinigten Staaten nen-

Um die Giant Douglas fir bei Bella Coola zu umarmen, braucht man schon eine Großfamilie.

nen ihr Land auch Columbia, zumindest in der Dichtung. *British Columbia* ist wohl, so scheint es der Königin, der beste Name.« Die Untertanen an der fernen Pazifikküste hatten die Monarchin gefragt, wie sie ihre neue Kolonie nennen sollten. Zur Auswahl stand unter anderem »British Caledonia«. Caledonia ist der lateinische Name für Schottland.

Schotten waren es nämlich, die Kanadas Westküste erschlossen, sieht man einmal von dem Engländer James Cook ab. Der legendäre Kapitän war vermutlich der erste Europäer, der hier an Land ging: 1778 betrat er mit seinen Männern Nootka Island, das Vancouver Island vorgelagert ist. Dank Cook wurde die hohe Qualität der Seeotterpelze von der Pazifikküste bekannt. Bereits wenige Jahre später hatten die Briten einen florierenden Fellhandel aufgezogen, der allerdings von den konkurrierenden Spaniern bedroht war.

Deshalb kam dem Landweg von Osten her eine besondere Bedeutung zu. Und damit schlug die Stunde der Schotten: Alexander Mackenzie, ein Pelzhändler, fand im zweiten Anlauf 1793 via Peace River und Bella Coola River den Weg durch die Rocky Mountains und zum Pazifikufer. Auf einem Felsen am Strand schrieb er: »Alexander MacKenzie from Canada by land 22d July 1793.« Der Stein ist heute das Schaustück eines kleinen Provinzparks bei Bella Coola. Ein zweiter Entdecker mit schottischen Vorfahren, Simon Fraser, begann 1805, westlich der Rockies Pelzhandelsposten einzurichten. 1808 erreichte er auf dem heutigen Fraser River den Pazifik.

Die westlichste Provinz Kanadas, British Columbia, ist zugleich die bergigste des Landes. Deshalb, und weil die Kanadier am Pazifik eine besonders entspannte Lebensart pflegen, gilt »B.C.« vielen Kanada-Touristen als Lieblingsziel.

Der wildeste Teil des Fraser River ist der gleichnamige Canyon. Und wo dieser besonders eng und der Fluß besonders reißend wird, da liegt Hell's Gate, das Tor zur Hölle.

Die attraktiven Pelzreviere am Pazifik zogen bald auch amerikanische Konkurrenten in das von der Hudson's Bay Company beanspruchte Gebiet. Deshalb errichtete die Company 1843 am Südende von Vancouver Island das Fort Victoria. Was zu heftigen Auseinandersetzungen mit den USA führte, da die Amerikaner die gesamte Pazifikküste beanspruchten.

Unterhalb von Hell's Gate ist der Fraser River wieder ein geradezu sanfter Fluß, dessen waldgesäumte Ufer zu Recht idyllische Ruhe verheißen.

Gepflegte Ruhe ist das Markenzeichen der Hauptstadt von British Columbia, Victoria. Sie liegt fernab vom Trubel der Stadt Vancouver auf Vancouver Island.

Beide Staaten einigten sich schließlich auf den 49. Breitengrad als Grenze, die weiter nach Süden reichende Insel Vancouver blieb als Ausnahme bei Kanada. 1849 wurde sie zur eigenständigen Kolonie.

Mit dem Gold, das 1857 im Tal des Fraser River gefunden wurde, setzte abrupt eine neue Entwicklung ein. Fort Victoria wurde zum Versorgungshafen für die rund 30 000 Goldsucher auf dem Festland. Um auch dort eine staatliche Ordnung zu begründen, entstand die Kolonie British Columbia. Sie verschmolz mit der Insel später zu einer Provinz, deshalb liegt auch die Hauptstadt Victoria etwas abseits auf Vancouver Island. Dabei blieb es auch, als B.C. (wie die Provinz meist genannt wird) 1871 dem kanadischen »Dominion« beitrat – ein gewaltiger Zugewinn, denn mit knapp 950 000 Quadratkilometern ist es die drittgrößte Provinz des Landes.

Forstwirtschaft, oft mit einer ökologisch umstrittenen Kahlschlagphilosophie betrieben, und Bergbau sind die Haupteinnahmequellen der Provinz, Kassenfüller Nummer drei ist der Tourismus – kein Wunder bei einem derartigen Überangebot an »Scenery«. Auf sie stellt B.C. natürlich seine Werbung ab. Für eine Provinz, in der Städte und landwirtschaftlich genutzte Regionen weniger als zehn Prozent der Fläche beanspruchen, ist dies gewiß gerechtfertigt, zumal fünf Nationalparks und mehr als 300 Provinzparks, zusammen etwa zehn Millionen Hektar, unter Naturschutz stehen. Das sind ungefähr zehn Prozent von British Columbia.

Trotz dieses Überangebots an Natur mußte auch in B.C. das Umweltbewußtsein erst allmählich wachsen, nachdem die Bergbauindustrie mit ihren Produktionstechniken einige Landschaften vergiftet hatte. Stärker war von jeher das historische Bewußtsein ausgeprägt. Barkerville in den Caribou Mountains, eine Goldgräbersiedlung, die bereits in den 1950er Jahren restauriert wurde, ist dafür ebenso ein Beispiel wie Fort Steele bei Cranbrook, aus dem ein Freiluftmuseum wurde.

Barkerville am Fuß der Caribou Mountains ist ein vorzüglich restauriertes Goldgräber-Städtchen. Seine nahezu hundert Häuser versetzen die Besucher in die Zeit um 1870.

Historie und Naturschutz sind auf Vancouver Island eine besonders innige Verbindung eingegangen. Hier warten neben dem Küstenstreifen des Pacific Rim National Park mehr als 40 Provinzparks auf Besucher. Im Pacific Rim Nationalpark liegt einer der schönsten und populärsten Wanderwege Kanadas, der »West Coast Trail«. Er verläuft über rund 75 Kilometer an der Küste entlang und ist gut markiert. Der Wanderweg wurde 1906 durch die Wildnis geschlagen, um schiffbrüchigen Seeleuten eine Rettung zu ermöglichen, ohne einen solchen Pfad wären sie in dem unwegsamen Urwald umgekommen. Die ganze Strecke erfordert etwa sechs bis zehn Tage, viele Wanderer belassen es aber bei einer Tagestour am *trailhead* in Bamfield, etwa zum Leuchtturm am Cape Beale. Das kleine Städtchen hat statt einer Hauptstraße einen fast einen Kilometer langen Holzsteg am Meerufer.

Nicht original, aber originell: Wenn ein »Trapper« in Barkerville seinen Gästen zeigt, wie man aus einem Bächlein Gold herauswäscht, bleiben auf wundersame Weise immer ein paar güldene Flocken in der Pfanne zurück. Und wenn die Kinder sich in Barkerville wie im 19. Jahrhundert kostümieren, heißt das nicht, daß sie ihrer Mutter genauso brav parieren (links).

Der Saum des Pazifiks ist eine Welt für sich. Bei Ebbe kann man beispielsweise Muschelkolonien (links), Seeanemonen (links unten) oder Seesterne (unten) entdecken.

Die Mehrzahl der Touristen auf Vancouver Island gibt sich aber mit dem ausgedehnten Beacon Hill Park inmitten der Hauptstadt Victoria zufrieden, jenem einstigen Gelände der Hudson's Bay Company, auf dem heute Millionen von Blumen blühen. Nur die Butchart Gardens, ein früherer Steinbruch etwa 20 Kilometer nördlich der Stadt, können ihm biologisch Paroli bieten; sie zählen Experten zufolge zu den schönsten Gärten der Welt.

Was aussieht wie eine wilde Bergwiese, ist von Gärtnerhand geplant und gepflanzt. Auch deshalb ist der Beacon Hill Park in Victoria ein von Einheimischen und Touristen gleichermaßen geschätzter Garten.

Die meisten Sehenswürdigkeiten Victorias lassen sich bequem zu Fuß erreichen. So sind es vom Beacon Hill Park nur ein paar Schritte bis ins Zentrum der Stadt, das sich um den Inner Harbour gruppiert. Die Kuppel und die Fassaden des 1897 fertiggestellten Regierungsgebäudes (sie werden nachts von Lichtlinien aus 3 000 Glühbirnen akzentuiert) werden würdig von der viktorianischen Architektur des Empress Hotels ergänzt. In der Halle der feinen Herberge wird vor allem zur Freude amerikanischer Tou-

Das Parlamentsgebäude in Victoria ist natürlich im viktorianischen Stil gehalten und auf dem Sockel vor dem Bau steht selbstverständlich Queen Victoria. Aber wenn man den Blickwinkel etwas weiter faßt, verliert sich der Eindruck monarchischen Regierungseifers: Die »pleasure boats« unmittelbar vor der Volksvertretung zeigen, daß hier Pflicht und Freizeit gleichrangig sind.

risten noch ein stilgerechter »High Tea« zelebriert. Dazu passend zeigt das vorzügliche Royal B. C. Museum, wie es in den Kolonien zuging, als die Namenspatronin der Stadt noch in London regierte.

Victoria hat einen überdurchschnittlich hohen Anteil an älteren Bürgern, die hier, angezogen von den Parks, dem milden Klima, dem reichlichen Sonnenschein und der gemächlichen Lebensart ihre Pensionen verzeh-

ren. Dennoch ist es nicht zutreffend, was Spötter behaupten: »Victoria is only for the Newly Wed or Nearly Dead.« Gerade die guten Fähr- und Flugverbindungen nach Vancouver (sogar eine Wasserfluglinie verbindet beide Häfen) lassen manche Freiberufler, die nicht täglich von 9 bis 17 Uhr am Schreibtisch sitzen müssen, zwischen Victoria und Vancouver pendeln.

Im Hafen von Victoria liegen Vergnügen (das Segelboot) und Arbeit (das Wasserflugzeug) für die Verbindung nach Downtown Vancouver dicht beieinander (oben). Aber auch im quirligen Wirtschaftshafen von Vancouver findet das Vergnügen – in Form eines Kreuzfahrtschiffes – einen Liegeplatz.

Dabei ist Vancouver selbst mit Parks, Bergen und mildem Klima gesegnet. Der unweit der Innenstadt gelegene Stanley Park wird von einer fast zehn Kilometer langen Uferstraße gesäumt, die immer wieder neue Prachtblicke freigibt. Der Park ist auch wegen seiner Totempfähle und seines exzellenten Aquariums ein beliebtes Ziel. Zum Wander- respektive Skigebiet Grouse Mountain führt eine Seilbahn hinauf. Hinsichtlich der Temperaturen kann es die Millionenstadt mit Victoria aufnehmen – was den Regen angeht, ist Vancouver der kleineren Schwester deutlich voraus.

Dennoch gilt Kanadas drittgrößte Stadt als eine der schönsten Metropolen der Welt, als Konkurrentin von Sydney oder Rio de Janeiro. Wozu sicherlich nicht nur die eindrucksvolle Naturkulisse der Berge, sondern auch die entspannte, Lebensfreude signalisierende Art der »British Columbians« beiträgt. Selbst in der Großstadt, in der etwa die Hälfte der 3,8 Millionen Bewohner der Provinz lebt, ist Hektik fast unbekannt. Ein recht

Die Gewässer um Vancouver bieten den sportbegeisterten Einwohnern der Stadt vielfältige Möglichkeiten, ihrem Hobby nachzugehen.

entspannter Zeitgenosse war wohl auch »Gassy Jack«, mit bürgerlichem Namen Jack Deighton. Er schlug gegen 1860 in der Nähe einer Sägemühle ein Schnapszelt auf und erfreute sich solchen Zuspruchs, daß bald das ganze Quartier um seine Kneipe herum »Gastown« genannt wurde. Der Name blieb, auch als Gastown von Vancouver eingemeindet wurde und die Kommune den heruntergekommenen Stadtteil mit Sinn für die Historie sanierte. Heute ist er eine Besucherattraktion und der Chinatown Vancouvers (das nach San Francisco das zweitgrößte Chinesenviertel in Amerika besitzt) durchaus ebenbürtig.

Zwei Brücken haben es in der von Wasser umgebenen Stadt zu besonderer Prominenz gebracht: Die Lion's Gate Bridge, eine an San Franciscos Golden Gate erinnernde riesige Hängebrücke ganz in Grün, und die Capilano Bridge in Nord-Vancouver, die weltlängste Hängebrücke für Fußgänger. Die Stadt selber versteht sich als eine Brücke zu Asien und zu

Facetten von Vancouver: In den Vororten kann man sogar wie im Urlaub am Strand wohnen (oben), während die Burrard Street Bridge über der English Bay (Mitte) den geschäftigen Teil der Millionenstadt erkennen läßt. Die Jahrhunderte zurückreichende Kultur der Westküstenindianer wird im beeindruckenden Museum of Anthropology (oben, rechts) verständlich. Für die Kunst modernen Brückenbaus steht hingegen die Lion's Gate Bridge, eine formvollendete Hängebrücke.

Die »Logging Trucks« sind die Könige unbefestigter Bergstraßen wie auf der Route am Summit Lake Pass – im kleinen Mietwagen zeigt man sich da besser respektvoll.

den pazifischen Völkern, aber nicht minder pflegt sie den Brückenschlag zur eigenen, vorbritischen Vergangenheit. Letzteres wird besonders im – nicht nur architektonisch beeindruckenden – Museum of Anthropology der University of British Columbia deutlich, das eine außergewöhnliche Sammlung zur indianischen Kultur besitzt.

Das Massiv des Mount Robson zeigt sich in seiner ganzen steinernen Majestät – mit 3 954 Metern ist er der höchste Berg in den kanadischen Rocky Mountains.

Auch auf der EXPO 1986, die Millionen Menschen nach Vancouver brachte, war das indianische Erbe der Westküste ein zentrales Thema. Von der erfolgreichen Weltschau ist nicht mehr viel zu sehen, gleich ins Auge fallen jedoch der Kuppelbau, der nun die Ausstellungsräume der auf technisch-naturwissenschaftliche Themen spezialisierten »Science World« birgt, und der einstige kanadische Pavillon im Hafenbecken, der Canada Place. Er dient heute als Terminal für die Kreuzfahrtschiffe, die von hier aus meist zu Touren nach Alaska aufbrechen. Das segelartige Dach der Halle bescherte Vancouver damit ein weiteres Wahrzeichen – sehr passend für eine Freizeit-Metropole, die selbst der pflichtbewußten Queen Mom, der Mutter von Königin Elizabeth, imponierte: »Dies scheint mir ein Ort zu sein, an dem ich leben könnte.«

Dies sagen sich auch jährlich mehrere Millionen Besucher, die in British Columbia wandern, angeln, reiten, bergsteigen, Kanu fahren oder – im Winter – skilaufen wollen. Einer der bekanntesten Wintersportorte Nordamerikas, Whistler, liegt nur 125 Kilometer nordöstlich von Vancouver und ist über den »Sea to the Sky Highway« leicht zu erreichen. Whistler ist das einzige Revier in Nordamerika, das auch Sommerskilauf erlaubt, denn der hochgelegene Horstman-Gletscher am Blackcomb Mountain

Auch in den wärmeren Jahreszeiten hat der Wintersportort Whistler seine Reize. Bewohner und Gäste, die sich nicht beim Sommerskilauf auf den Pisten des Horstman-Gletschers tummeln, flanieren über die sonnenbeschienenen Plätze des Städtchens.

bietet entsprechende Pisten. Mit seinem »europäischen Ambiente« und einem nur Fußgängern vorbehaltenen Stadtzentrum hat Whistler für viele andere Skiorte in Kanada und den Vereinigten Staaten Modell gestanden.

British Columbia verfügt über ein nicht allzu engmaschiges, aber gut gepflegtes Straßennetz. Die bekanntesten Fernstraßen Kanadas beginnen respektive enden in der Pazifik-Provinz, neben dem Trans-Canada Highway auch der im Zweiten Weltkrieg in Rekordzeit gebaute Alaska Highway. Er beginnt in Dawson Creek und windet sich über 2 400 Kilometer durch das Yukon Territory bis nach Alaska. Auf der Route liegen einige historische Orte wie die einstigen Pelzhändler-Lager Fort St. John und Fort Nelson. In Dawson Creek zeigt das Walter Wright Pioneer Village, wie die Straßenbauer in den vierziger Jahren lebten. Das tief in den Wäldern liegende Fort Nelson hat eine besondere Verbindung zur asiatischen Welt: Hier arbeitet die größte Eßstäbchen-Fabrik der Welt.

Von zunehmender Bedeutung für den Tourismus ist auch das attraktive Schienennetz, dessen Hauptrouten durch die spektakulären Rocky Mountains führen. Die Tagesfahrten nach Jasper in Alberta sind wegen der großartigen Szenerie besonders gefragt. Einige Züge haben spezielle Aussichtswagen mit gläsernen Dächern, durch die man bis zu den Gipfeln neben der Trasse emporschauen kann. Und da, wo weder Gleise noch asphaltierte Straßen hinführen, übernehmen die Buschpiloten den Trans-

port. Selbst in entlegenen Regionen gibt es zumindest eine notdürftig in den Wald gehauene Graspiste, auf der die meist zweimotorigen »Arbeitspferde der Luft« mit oft schwerer Last niedergehen.

Auf einer solchen Piste inmitten der Coast Mountains rollte auch unser betagter Flieger aus und entließ uns in eine Bilderbuch-Landschaft mit sattblauen Seen, dichten Wäldern und ein paar holprigen Wegen. Auf einer dieser Waldstrecken rumpelten wir dann mit einem klapprigen Allrad-Pritschenwagen für gut eine Stunde durch die Wildnis am Chilko Lake, bis wir eine Lichtung mit ein paar Blockhütten erreicht hatten. Das Hauptquartier für unser Überlebenstrainig. Solche *survival classes* bieten in Kanada zahlreiche Schulen und Volkshochschulen an, denn eine große Mehrzahl der Kanadier zieht es regelmäßig in die Wälder. »Wir lieben den Busch«, erklärte Mike, unser *survival instructor*. Ihm war die Idee gekommen, aus der Wildnis-Schulung ein touristisches Programm zu machen.

Blockhausbau, Trailritte und Notdach-Konstruktion für die Übernachtung unter freiem Himmel, Brot backen in der Pfanne, Fische fangen ohne Angel, Verpflegungssuche im Angebot von Wurzeln und Insekten, Orientierung nur per Kompaß – das waren einige der Aufgaben, die für 14 Tage vor uns standen. Aber die Wildnis hielt sich nicht genau an unser sorgfältig ausgetüfteltes Programm. Wir hätten es schon ahnen können, als wir Jack mitten im Busch trafen. Der einige Kilometer entfernt leben-

Die Wasserflugzeuge der Buschpiloten auf Vancouver Island haben in Tofino einen ihrer Heimat(flug)häfen.

British Columbia ist berühmt für seine »kühlen Regenwälder«, in deren mildem und feuchtigkeitsgesättigtem Klima Moose und Farne prächtig gedeihen. In den Urwäldern Kanadas sind auch die meisten Schwarzbären zu Hause. Sie sind zwar etwas kleiner als die Grizzlies, doch auch diesen »Teddies« geht man besser aus dem Weg (rechts).

de Rancher machte uns eindrucksvoll darauf aufmerksam: »So groß sind seine Tatzen.« Er hielt ein etwa 35 Zentimeter langes Stöckchen hoch. »Ich hab' sie im Morast gut messen können. Es muß ein Riesenbiest sein.«

Die Tatzen waren nur zwei Kilometer von unserem Camp entfernt in den Untergrund gepreßt worden. Daneben lagen die kümmerlichen Knochenreste einer Kuh. Keine Frage, hier hatte sich ein Grizzly eine Zeitlang gründlich satt gefressen. Wenige Tage später besuchte uns Jack noch einmal im Camp: »Paßt auf. Er hat mir schon wieder eine Kuh gerissen. Da sind wieder 800 Dollar futsch.« Schießen durfte Jack den Grizzly dennoch nicht, da die vom Aussterben bedrohten Bären unter Schutz stehen.

Mike wies uns in den nächsten Tagen ein paarmal auf frische Grizzlyspuren hin, auf tiefe Rillen an Stämmen, die der Bär als Kratzbaum genutzt hatte, auf Bärenlosung und einmal auch wieder auf Tatzenabdrücke. Von Jack bekamen wir eine zusätzliche Dosis Bären-Warnung: »Chancen hat man bei der Begegnung mit einem Grizzly nur, wenn der das Weite sucht. In der Regel ist das glücklicherweise meist der Fall.« Flucht, so hörten wir, ist sinnlos. Die bis 500 Kilo schweren, so plump wirkenden Teddies sind auf kurzen Strecken so schnell wie ein Rennpferd und holen somit jede potentielle menschliche Beute ein. Immerhin: Grizzlies können im Gegensatz zu Schwarzbären keine Bäume erklettern.

Dann, einige Tage später, lernten wir auch den Hauptakteur dieser furchterregenden Stories kennen. Es war ein Akteurin. Die meisten Mitglieder unserer Überlebensgruppe waren irgendwo draußen im Busch, als hinter der Duschhütte ein jämmerliches Gekreische losging: Mikes junger

Hund hatte ein Bärenjunges aufgestöbert. Carol, Mikes Assistentin, hatte das pelzige Knäuel kurz gesehen. Gemeinsam fanden wir Schutz in der Duschhütte, denn im selben Moment brach schon die zornige Bärenmutter durch das Unterholz. Ein paarmal strich sie laut brüllend an unserer Hütte vorbei, ein massiges fast honiggelbes Biest, das selbst auf allen Vieren fast Mannshöhe erreichte. Die Bärin war so ärgerlich, daß sie sogar den Braten ignorierte, der in der offenen Küche unter einer Fliegenhaube auftaute.

Nach etwa zehn Minuten, die uns aber sehr viel länger vorkamen, zog sich die Riesin mit ihrem vor Schreck stummen Nachwuchs fast geräuschlos ins Gebüsch zurück. Wir blieben noch eine Weile in der Dusche hocken – vielleicht würde die Bestie im Pelz sich doch noch an dem Braten delektieren wollen. Erst als unsere Überlebens-Kumpels ins Camp trotteten, trauten wir uns wieder aus unserem Dusch-Exil. Die Bärin im Camp sprach sich schnell herum, nachdem Mike die Farmen der Umgebung und das Urlaubshotel am Chilko Lake per Funkgerät informiert hatte. Und als wir zwei Tage später zum Rückflug an der Waldpiste antraten, warteten auch einige der Hotelgäste auf die Maschine. Eine Dame im Safarilook kam auf uns zu: »Ach, Sie haben den Grizzly getroffen? Wie niedlich!«

Delphine rechts, Seelöwen links

Auftauchen zum Abtauchen: Ein Schwertwal gibt eine kurze Audienz an der Wasseroberfläche.

»Morning has broken ...« Nichts hätte zu dieser Stunde besser in den Walkman gepaßt als Cat Stevens' wunderschönes Lied. Das massige Fährschiff, die »Queen of the North«, nahm vibrierend Fahrt auf und schob sich an der Spitze von Vancouver Island vorbei. Hinter uns wurde der Anlieger in der Bear Cove bei Port Hardy immer kleiner. Scheinbar mit Millimeterabstand glitt das Schiff zwischen zwei vorgelagerten Inseln hindurch in die Queen Charlotte Strait. Die Septembersonne drang allmählich durch die Nebelschwaden über der grünlich schimmernden See.

Vor uns lag die »Inside Passage«, eine faszinierende Wasserstraße zwischen Port Hardy im Norden von Vancouver Island und Prince Rupert nahe der Grenze zu Alaska. Es gibt Passagiere, die in Prince Rupert direkt umsteigen in die Schiffe der »Alaska State Ferries« und mit ihnen weiter durch die Inside Passage schippern. Zusammen kommen sie so auf eine 1 600 Kilometer lange Seereise. Die kanadische Strecke ist rund 450 Kilometer lang, die Fähre ist 15 Stunden unterwegs, eingeschlossen ein kurzer Halt in Bella Bella. Morgens um 6.30 Uhr läuft die Fähre aus, im Sommer an jedem zweiten Tag, im Winter einmal pro Woche – abends um 22.30 Uhr macht sie in Prince Rupert fest.

»Wir sind von Vancouver aus mit der Fähre nach Vancouver Island hinübergefahren und dann gemütlich über die Insel gezuckelt«, sagte das Urlauberpärchen aus dem Ruhrgebiet, das sich mit einem gemieteten Wohnmobil einen »langjährigen Traum« verwirklichte. »Von Prince Rupert machen wir vielleicht noch einen Fährabstecher zu den Queen Charlotte Islands. Aber dann geht es allmählich durch das Hinterland in die Rocky Mountains, nach Jasper und Banff, und von dort aus zurück nach Vancouver.« All das sei sicherlich toll, sagten die begeisterten Kanada-Besucher, aber auf die Schiffstour hätten sie sich besonders gefreut, nachdem sie eine Fernsehreportage über die Inside Passage gesehen hatten. Da seien immer wieder Orcas, diese schmucken weiß-schwarzen Killerwale, an der Fähre vorbeigezogen.

Als ob der Kapitän oben auf der Brücke von den Erwartungen bei uns unten gehört hätte, dröhnte eine Viertelstunde später seine kräftige Stimme durch das Bordmikrofon: »Dolphins to the left.« Eine ganze Schule von Bottlenose-Delphinen jagte in Gegenrichtung am Schiff vorbei, einige sprangen aus dem Wasser, vielleicht um das lärmende weiße Ding zu beäugen, das auf Nordkurs vorwärtsstampfte. Orcas ließen sich an diesem Tag zwar nicht sehen, auch keine der mächtigen Buckelwale, die zeitweise vor der Küste entlanggleiten.

Aber als die »Queen« wieder einmal zwischen Festland und Inseln dahinzog, verwies uns der Mann auf der Brücke auf einen flachen Felsen vor dem Urwald am Festland: »A colony of sea-lions.« Die Seelöwen ließen sich von der nahe vorbeifahrenden Fähre nicht im geringsten stören, sie genossen sichtlich das Bad in der nun kräftig strahlenden Sonne. Und Weißkopfadler, die Wappentiere der amerikanischen Nachbarn, segelten so oft über das Boot und die Küstenlinie hinweg, daß wir sie wider besseres Wissen kaum mehr zu den bedrohten Arten zählen wollten.

Zum Ende unserer Fahrt hin sank die Dämmerung langsam über die großartige Szenerie. Die Ufer waren nur noch als dunkle Silhouette zu erkennen, selten zeigten ein paar dünne Lichtlein eine Indianersiedlung in der Wildnis an. Gut eine Stunde später schaukelten ein paar Positionslichter auf der See: Fischkutter auf der Heimfahrt. Wir waren nahe Prince Rupert, dem Ziel unserer Fährreise. Autoscheinwerfer huschten zwischen den Häusern einher, starke Strahler erhellten die Pier. Immer, wenn die »Queen of the North« einläuft, herrscht kurzfristig Geschäftigkeit, ehe sich das Schweigen der Nacht über »Rupert« senkt.

Beifallheischende Nummer auf der großen Bühne vor Vancouver Island.

Bisweilen nutzten die kunstvollen Schnitzer der westkanadischen Indianerstämme ihre Totempfähle auch als Eingänge zu Gebäuden, die in der Regel eine spirituelle oder sonstige gesellschaftliche Bedeutung hatten. Hier ein Beispiel aus dem 'Ksan Indian Village Museum, das in Hazelton in British Columbia liegt.

Tierischer Stammbaum

Als die ersten Weißen die kanadische Pazifikküste erreichten, waren sie überrascht von der hohen Handwerkskunst der Kwakiutl auf dem Festland und der Haida auf den Queen Charlotte Islands. Die Indianer lebten nicht nur in gezimmerten Holzhäusern, sie hatten auch kunstvoll geschnitzte Totempfähle in ihren Dörfern aufgerichtet. Vor allem die bis zu 15 Meter hohen Stämme, auf denen Bären, Wölfe, Biber, Adler und Raben, aber auch Wale, Haie, Frösche und Moskitos übereinander geformt werden, fanden das Interesse der Forscher – und bald auch der Museumsleute in aller Welt.

Die vornehmlich in den Farben Schwarz, Rot und Blau, bisweilen auch in Weiß und Gelb bemalten Kunstwerke signalisieren Familien- und Gruppenzusammengehörigkeiten, sie sind also im wahrsten Sinne des Wortes »Stammbäume«. Manche Totems wurden aber auch – ähnlich unseren Grabsteinen – zur Erinnerung an Tote geschnitzt; in einigen Fällen dienten

Die Plankenhäuser der Gitksan Indianer im 'Ksan Indian Village Museum sind rekonstruiert. Indianer, die durch das Freilichtmuseum führen, erklären den Besuchern auch die Bedeutung der Tiersymbole und sonstigen Motive auf den bemalten Hauswänden. In einem der Häuser kann man den Künstlern bei der Arbeit zusehen.

Totems der Begrüßung spezieller Gäste. Unter den Schnitzern haben sich einige einen Namen in der kanadischen Kunstwelt gemacht.

Häufig wurden (und werden) Totems zu einem »Potlatch« aufgestellt. Mit diesem Wort bezeichneten die Indianer im Nordwesten große mehrtägige Feste, zu denen ein reicher Stammesangehöriger einlud. Er bewirtete seine Gäste nicht nur, er gab ihnen auch reichlich Geschenke, die er und sein Clan zuvor jahrelang angesammelt hatten. Von diesen Präsenten und Festivitäten hingen der gesellschaftliche Status und die zugestandenen Privilegien einer Person ab. Mit der üppigen Produktpalette der Weißen nahmen die Potlatchs überhand und ruinierten ganze Familien oder Stammeseinheiten.

Die kanadische Regierung verbot aus diesem Grund zwischen 1884 und 1951 solche Feiern, mittlerweile sind sie aber in moderaterer Form wiederaufgelebt.

Der letzte Weg führt nur stromauf

Nach traditioneller Art fängt ein junger Indianer Lachse in den Stromschnellen des Bulkley River.

Kulinarisch ist Kanadas Westen natürlich ein typisches Steak-Territorium, und viele Restaurants offerieren auf ihrer Karte »T-Bone 1 $ / with Meat 10 $«. Aber die Spezialität, die British Columbia die Anerkennung der lukullischen Welt eingebracht hat, ist fraglos der *wild pacific salmon*, der Wildlachs von der Pazifikküste. Es gibt zwar auch einen – durchaus wohlschmeckenden – Lachs an der Atlantikküste. Aber der Westen kann gleich mit fünf verschiedenen Sorten aufwarten.

Einst traten die Fische, die heute sehr teuer und rar geworden sind, in derart großen Mengen auf, daß es hieß, man könne die Meeresstraße zwischen Vancouver Island und dem Festland trockenen Fußes überqueren, wenn die Lachse im Herbst aus dem Meer zu ihren Geburtsorten in den Flüssen zurückkehrten. Überliefert ist, daß die Fische damals vom Ufer aus mit Käschern und Schaufeln auf das Land geworfen wurden, nur um dort als wohlfeiler Dünger untergepflügt zu werden. Heute sind die Lachse durch die Verschmutzung der Flüsse und durch Überfischung im Meer bedrohte Tierarten. Deshalb gibt es an vielen Wasserläufen in British Columbia *hatcheries*, in denen Lachse aufgezogen und später ausgesetzt werden.

An Hindernissen, die selbst für kräftige Fische nicht mehr zu überwinden sind, etwa an großen Felsbrocken, die in den Fluß gefallen sind, hat man den Tieren eigene »Lachstreppen« eingerichtet. Dort können sie von Bassin zu Bassin den Fluß hinaufspringen. Das Ziel eines jeden kanadischen Lachses ist es nämlich, nach einem zwei- bis vierjährigen Leben im Meer wieder an seinen Geburtsort im Fluß zurückzukehren. Es ist vermutlich ein besonders feiner Geruchssinn, der die Tiere lenkt. Manche müssen mehr als tausend Kilometer gegen die Strömung und zahlreiche Stromschnellen anschwimmen. Gerade an solchen Engpässen warten dann bisweilen ganze Bärenrudel. Die Einzelgänger überwinden angesichts der fetten Beute für ein paar Tage sogar ihre Aversion gegen ihresgleichen. Mit geschickten Prankenhieben holen sie die Fische aus den Fluten und verzehren sie genüßlich.

Die Lachse, die es schließlich bis zu ihrem Geburtsplatz geschafft haben, sorgen nun für Nachwuchs. Die Weibchen bilden im Flußbett bis zu 40 Zentimeter tiefe Kuhlen, in die sie Tausende von Eiern legen. Diese werden von den männlichen Fischen mit Samen überdeckt. Etwas weiter stromauf buddeln die Weibchen danach zusätzliche Kuhlen, damit die Strömung Sand über die Eierlager trägt und diese schützt. Die völlig entkräfteten Lachse, die seit Erreichen des Süßwassers keine Nahrung mehr zu sich genommen haben, sterben kurz darauf.

Nach der Brutzeit im Winter schlüpfen zum Frühjahr aus den Eiern Millionen Minilachse, die schnell wachsen und je nach Art binnen einiger Monate oder erst nach einem Jahr der offenen See entgegenstreben. Bis dahin ist ihre Zahl schon stark dezimiert, die Jungtiere sind eine begehrte und leichte Beute für andere Fische. Die Überlebenschancen sind minimal: Von den Tausenden Eiern, die ein Lachspaar gelegt und befruchtet hat, bleiben statistisch nur zehn ausgewachsene Exemplare übrig. Acht von ihnen geraten in die Netze von professionellen Fischern oder werden – zum weit geringeren Teil – von Freizeitanglern aus den Flüssen gezogen. So schaffen es schließlich nur zwei Lachse bis an die Stätte ihrer Kindheit, die dann auch ihr Todesort wird.

IX Der herbe Charme des hohen Nordens

Yukon Territory: Lockruf des Goldes

Herbstfarben entlang des Highways im kanadischen Norden.

»This is the Law of the Yukon / that only the Strong thrive / That surely the Weak shall perish / and only the Fit survive« – Zeilen von Robert Service, dem mutmaßlich meistzitierten Dichter Kanadas. Der »Poet des Yukon« ist zur Symbolfigur für das subarktische Territorium an der Grenze zu Alaska

geworden. Viele seiner Gedichte sind Teil des nationalen Literaturerbes, etwa »The Law of the Yukon«, aus dem die eingangs zitierten Zeilen stammen.

Die »Yukoners« fühlen sich von Service sogar besser verstanden als vom weit berühmteren Jack London, dessen »Call of the Wild« den Yukon international bekannt gemacht hat. London hat den Goldrausch im Yukon noch selber miterlebt, im Gegensatz zu Service, der erst 1904 ins Territory kam. Aber nach Meinung seiner Zeitgenossen hat Service die Atmosphäre der »Bonanza Days« – der Höhepunkt in der kurzen Geschichte des Yukon – wie kein anderer eingefangen.

Die Historie begann, wie überall in Kanada, lange vor der Ankunft des weißen Mannes: Vor mindestens 30 000 Jahren haben in der Region bereits Menschen gelebt. Sie waren von Asien nach Amerika eingewandert, als während der Eiszeit die Bering-Straße trockengefallen war. Bei dem Indianerdorf Old Crow hat man 20 000 Jahre alte Relikte der Ureinwohner gefunden – Old Crow ist wahrscheinlich die älteste noch bewohnte Siedlung Nordamerikas, für Kanada gilt dies fraglos als sicher.

Der erste Europäer, der den Yukon erreichte, war 1741 der Däne Vitus Bering, der im Sold Peters des Großen nach Alaska segelte und es für den russischen Zarenhof in Besitz nahm. Bering sah in der Ferne einen hohen Berg, den er als Mount St. Elias in seine Karten eintrug. In dessen Nähe ragt auch Kanadas höchster Gipfel auf, der sich auf 6 050 Meter erhebende Mount Logan. Heute markieren die Berge der St. Elias Range den süd-

Der Yukon, das »Goldgräberland«, und die riesigen, ausgedehnten North West Territories sind bis heute die zwei kanadischen Regionen, die nur eine eingeschränkte Selbstverwaltung besitzen. Nunavut heißt das aus den Northwest Territories herausgelöste Territorium, das am 1. April 1999 zum eigenen Staatsgebiet der Inuit geworden ist.

Die Five Finger Rapids nördlich von Carmacks (rechts) stoppten einst die Raddampfer und damit auch die Versorgung der Bevölkerung. Heute haben Lastwagen diese Aufgabe übernommen. Aber auch die Waren, die jetzt transportiert werden, sind anders als im Dampfer-Zeitalter. Damals waren Felle eine begehrte Fracht. Heute trifft man Fellhändler nur noch im Museum von Fort Edmonton (unten).

westlichen Zipfel des nahezu dreieckigen Territoriums (Kanadas Territorien werden von Ottawa aus regiert und haben im Gegensatz zu den Provinzen nur eine eingeschränkte Selbstverwaltung).

Wegen des Pelztierreichtums kam es im Norden bald zu Streitigkeiten zwischen Briten und Russen. Sie mündeten 1825 in einen Vertrag, der die heutige Grenze zwischen Kanada und Alaska festlegte. Im selben Jahr er-

reichte John Franklin den Yukon auf dem Landweg; auf der Suche nach der Nordwest-Passage karthographierte er die endlich erreichte Nordküste. Die Hudson's Bay Company etablierte wenige Zeit später einige Handelsposten im Yukon. Nachdem die Amerikaner 1867 den Russen Alaska abgekauft hatten, setzten sie bald darauf Dampfschiffe auf dem Yukon River ein – eine Verbindung, die nach dem Ausbruch des Goldrauschs wichtig werden sollte. Die in Whitehorse aufgedockte »SS Klondike« erinnert heute an die großen Zeiten der Raddampfer, an Tage, da Fahrgäste manchmal ihre Passage mit Goldnuggets zahlten.

Kleine Abstecher, wie hier zum Peel River, bieten Abwechslung auf der Fahrt über den Dempster Highway.

Als der kurzlebige goldene Rausch 1903 vorüber war, sank die Bevölkerung im Yukon schnell auf 5 000 Menschen. Sie hielt sich auf diesem Stand, bis im Zweiten Weltkrieg der Alaska Highway durch das Yukon Territory gebaut wurde. Die Straße war die Voraussetzung dafür, daß die Bodenschätze ausgebeutet werden und Touristen in die Wildnis gelangen konnten. Der Alaska Highway, der Klondike Highway zwischen der Hauptstadt Whitehorse und Dawson City, und schließlich der Dempster Highway, der von Dawson in den arktischen Norden, nach Inuvik in den benachbarten Northwest Territories, führt, erschlossen das Land auch für jene Urlauber, die tief in die Wildnis vordringen wollen.

Von diesen Highways und einigen weiteren Straßen werden zehn der elf Yukon-Orte erschlossen. Old Crow, die bereits erwähnte Indianersiedlung am Porcupine River, 185 Kilometer südlich der arktischen Küste gelegen, kann nur per Flugzeug oder Kanu erreicht werden. Mit Ausnahme von Whitehorse haben alle Ortschaften weniger als 2 000 Bewohner, insgesamt leben rund 30 000 Menschen in dem fast 480 000 Quadratkilometer großen Territorium, davon etwa zwei Drittel in der Hauptstadt.

Bis 1953 trug Dawson den Hauptstadt-Titel. Heute zählt die einstige Goldgräber-Metropole nur noch knapp 1 800 Einwohner, allerdings schwillt diese Zahl im Sommer, wenn die Touristen kommen, kräftig an. Tourismus ist Big Business für die Stadt, in der das Stichwort Bonanza immer noch Gold wert ist, wenn Tänzerinnen wie einst beim Cancan die hübschen Beine werfen. Und hier steht die Hütte, in der Robert Service seine Zeit am Yukon verbrachte. Im Sommer lesen vor der *cabin* täglich Schauspieler aus den Werken des verehrten Dichters. An die goldene Ära erinnert sich die Stadt alljährlich im August beim »Discovery Day«, an dem sich alle Dawsoner kostümieren, als sei der Goldrausch gerade auf seinem Höhepunkt angelangt.

Auch die Bürger von Whitehorse haben Plüsch und Pleureusen, Stetsons und Brokatwesten in ihren Schränken, aber sie legen all dies im Februar an. Mitten in der eiskalten Jahreszeit zelebriert die Stadt ihr »Sourdough Rendezvous« – und in der Tat kommen dann Trapper aus den Wäldern, um für ein paar Drinks und ein paar Tage den endlos langen Winter zu vergessen. Das ganze Rendezvous ist ein großer Wettbewerb, der schon am Neujahrstag beginnt. Dann müssen sich nämlich alle Männer erstmals examinieren lassen, die am Bartwuchswettbewerb teilnehmen wollen. Kaum ein Mann verzichtet auf wuchernde Kinnbehaarung, denn wer während der Rendezvous-Tage bartlos angetroffen wird, kann von der Rendezvous-Polizei sofort »verhaftet« und zur Abschreckung aller im Käfig durch die Stadt gefahren werden. Ähnliches widerfährt weiblichen Wesen, die sich ohne Strumpfband knapp oberhalb des Knies in die Öffentlichkeit wagen. Ansonsten gilt es für die Mannsbilder, die Kräfte beim

Die eine Hälfte zockt, die andere schaut den Cancan-Girls zu: Hochbetrieb bei Diamond Tooth Gertie's in Dawson City.

Mehlsackschleppen, Schneeschuh-Rennen, Holzsägen oder Hundeschlitten-Rennen zu messen.

Feste wie diese schmieden die Menschen in der oft lebensfeindlichen Umgebung zusammen. Vor allem ist es aber die Natur, die den hohen Norden zu einem großartigen Erlebnis gestaltet. »Diese gewaltige Landschaft übt Macht aus über alle, die in ihr leben«, meinte ein ansonsten überhaupt nicht zu romantischen Gefühlen neigender Bankmanager, als in einem Kneipengespräch die Rede auf die »Yukon Cheeckakoes« kam. So werden die beruflich in den Norden verschlagenen Neulinge genannt. In den ersten Wochen zählen sie die Tage bis zu ihrer Heimreise, und dann, wenn diese naht, wollen sie gar nicht mehr so recht weg – zumindest im Sommer.

Robert Service war es natürlich, der die richtigen Worte für diese Wirkung der Landschaft auf den Menschen, für den »Spell of the Yukon«, fand: »It's the Beauty that thrills me with Wonder / It's the Stillness that fills me with Peace.«

Der Raddampfer »S.S. Klondike«, einst das größte und schönste Schiff auf dem Yukon, ist auf dem Ufer von Whitehorse für immer vor Anker gegangen. Die Nationalpark-Experten haben das Schiff detailgetreu restauriert.

Northwest Territories: Fälle, doppelt so hoch wie Niagara

Yellowknife – ein merkwürdiger Name für eine Stadt. Woher kommt er? Eine kleine Umfrage in der Hauptstadt der Northwest Territories ergab meist ein Achselzucken oder die Vermutung, der Name stamme von einem Indianerhäuptling. Die Dame in der Bibliothek hatte die Lösung: »Die Indianer hier am Nordufer des Great Slave Lake stellten früher ihre Messer mit einer Beimischung von etwas Kupfer im Eisen her. Das ließ die Klingen leicht gelblich erscheinen.« Und »Großer Sklaven See«, wie kam es zu diesem Namen? Die Bibliothekarin lachte: »Das fragen fast alle, die zum ersten Mal an den Great Slave Lake kommen. Mit Sklaverei hat das nichts zu tun. Der Entdecker Samuel Hearne nannte den See nach den Slave-Indianern.«

Die Alexandra Falls im Hay River sind aus jeder Perspektive eine Augenweide (links).

Einsam zieht sich das Asphaltband des Dempster Highway durch die alpine Tundra der Richardson Mountains in den Northwest Territories (unten).

Im Nahanni National Park (links) bieten sich den Bootsfahrern eindrucksvolle Landschaften. An anderer Stelle kann man sich von der Tour durch den Nationalpark in dessen heißen Quellen entspannen. Die auch im Sommer relativ kalten Gewässer des Great Slave Lake allerdings laden weniger zu einem Bad ein. Hier empfiehlt sich eher ein ausgedehnter Marsch entlang dem Seenufer (unten).

◁ *Der Emerald Lake bei Whitehorse verdankt seinen Namen den vielen Grüntönen, in denen sein Wasser schimmert.*

In den Seen und Flüssen im hohen Norden kann man kapitale Fische angeln. Hier am Great Slave Lake präsentieren erfolgreiche Petrijünger Prachtexemplare der »Lake Trout«-Fische.

Die Herrin der Bücher erwies sich im weiteren Gespräch als kundige Heimatforscherin. Von ihr erfuhren wir beispielsweise, daß der Great Slave Lake mit fast 29 000 Quadratkilometern der fünftgrößte Süßwassersee in Nordamerika ist und der Great Bear Lake, ebenfalls im Territorium gelegen, mit gut 31 000 Quadratkilometern auf Platz vier rangiert. Die Bibliothekarin führte uns an eine große Wandkarte und zeigte auf eine ununterbrochene Linie, die sich quer durch den Norden zog. Na klar, der Polarkreis. »Und diese geschwungene, gestrichelte Linie?« Keine Ahnung. »Das ist die Baumgrenze. Dort, an der Hudson Bay, liegt sie weiter südlich als der Polarkreis. Aber hier, im Yukon Territory, wachsen die Bäume fast bis an das arktische Meer heran.«

Das baumlose Land nördlich dieser Linie, in dem heute immer wieder stattliche Vorkommen an Bodenschätzen geortet werden, fand einst wenig Interesse bei den Europäern. Sie richteten ihre Aufmerksamkeit auf die Waldregionen, denn nur dort lebten die Pelztiere, deren Felle große Profite garantierten. Heute sind die Schätze im Permafrost, dem ganzjährig gefrorenen Boden, die Haupteinnahmequelle der NWT, wie die Territories meist abgekürzt werden. Aber bis in die jüngste Vergangenheit waren die Felle noch der zweitwichtigste Wirtschaftsfaktor. Dann brachten die Aktionen europäischer und amerikanischer Tierfreunde gegen Pelzmäntel das Geschäft der indianischen Fallensteller nahezu zum Erliegen. Kritiker behaupteten jedoch, viele Indianer hätten schon vorher die mühsame Jagd nach Pelztieren aufgegeben, weil es sich von der staatlichen Unterstützung leichter leben ließ.

Neue wirtschaftlichen Hoffnungen richten sich auf den Tourismus, da die Territorien nicht nur weithin unberührte Natur bieten, sondern zugleich die Bekanntschaft mit zwei alten Kulturen, denen der Indianer und der Inuit. Die großen Seen ziehen überdies Angler aus aller Welt an, deshalb gibt es auch eine Reihe von *fishing lodges* an den Ufern, die in der Regel nur per Boot oder Wasserflugzeug zu erreichen sind. Zum »Angler-Knigge« gehört es übrigens, daß man die gefangenen Fische fotografiert und vielleicht auch wiegt, dann aber wieder im See aussetzt. In den nordischen Gewässern wachsen die Fische nämlich viel langsamer als in den kanadischen Provinzen. Deshalb behalten die Angler auch nur die paar Exemplare, die sie sich zur Lunchpause am Lagerfeuer braten – frischer kann Fisch wirklich nicht sein.

Ein Plus beim Buhlen um die Touristengunst sind natürlich auch die Nationalparks und die sonstigen Naturschutzgebiete. Am bekanntesten ist der Nahanni National Park, ein knapp 4 800 Quadratkilometer großes Gebiet am South Nahanni River unweit der Grenze zum Yukon Territory. Seit 1971 ist das Tal geschützt, seine Hauptattraktionen sind der Pulpit Rock, ein 210 Meter über dem Fluß aufragender Felsen, und die Virginia-Fälle, die doppelt so hoch sind wie die kanadischen Niagara-Fälle. Die UNESCO unterzeichnete 1978 ihre »World Heritage Convention«, die Stätten des Welterbes unter besonderen Schutz der Staatengemeinschaft stellt. Die teilnehmenden Nationen meldeten damals acht kulturelle Stätten und fünf Naturlandschaften für das Register an, Kanada benannte seinerzeit den Nahanni National Park.

Es bedarf nicht immer des Nationalpark-Siegels, um von der grandiosen Szenerie im Norden begeistert zu sein. Das gilt insbesondere für die kurzen Sommerzeiten, in denen die Sonne nicht untergeht und die Natur diese Vergünstigung mit besonders raschem Wachstum und zu unerwarteter Farbenvielfalt nutzt. Einst besuchte John Buchan, der Generalgouverneur und Stellvertreter der Königin, den Great Slave Lake und stellte dabei fest: »Es ist unmöglich, dieses Land zu beschreiben, wie es nach einem Maßstab jenseits menschlichen Denkens geschaffen wurde.«

Vogelfreunde können im Sommer am Great Slave Lake unzählige Wasservögel beobachten, da der See in dieser Zeit reiche Nahrung bietet.

◁ *Schneegipfel zwischen dem Emma und Otto Fjord auf Ellesmere Island. Noch immer wagen sich nur sehr wenige Touristen in die arktische Wildnis Kanadas, obwohl sie zahlreiche solch außergewöhnlicher Perspektiven bietet.*

Iqaluit ist nicht gerade ein städtebauliches Juwel, aber doch die Hauptstadt von Nunavut und damit ein wichtiges Zentrum der östlichen Arktis in Kanada.

Nunavut: Felsen, Eis und 28 000 Inuit

Wir waren schon etwa zwei Stunden von Iqaluit (früher Frobisher Bay) entfernt. Die Außenbordmotoren liefen zuverlässig und schoben die offenen Aluminiumboote durch die nur leicht gekräuselte See. Die Bootsführer mußten nur hin und wieder einem kleinen Eisberg oder einer Eisscholle ausweichen. Da fragte einer aus unserer kleinen Gruppe: »Wo sind denn eigentlich die Rettungswesten?« Unser Bootsführer grinste: »Sorry, keine Westen. Die machen keinen Sinn. Wer hier ins Wasser fällt, lebt eh' nicht länger als drei oder vier Minuten. Dann ist er total unterkühlt.« Für den Rest der Fahrt ins Anglercamp saßen wir fast regungslos auf unseren Schiffsbänkchen, sehr bemüht, die Bootsbalance zu halten.

Drei Tage später, auf der Rückfahrt, war es dann soweit. Die See zeigte sich gekräuselt und mit kleinen Schaumkronen geziert. »Zu windig«, sagte unser Steuermann und lenkte hinüber zur nächsten Insel. Das andere

Die Wohnhäuser von Inuvik sind normale Fertigbauten, die in Einzelteilen angeliefert wurden, aber eine besondere Isolierung gegen die arktische Kälte im Winter erhalten haben. Das Wahrzeichen des Ortes, der erst in den fünfziger Jahren entstand, ist die an einen Iglu erinnernde Kirche.

Boot schwenkte sofort auf unseren Kurs ein. Nun saßen wir auf einem kahlen Eiland mit ein paar Eisplacken fest und warteten auf sanften Wind. Hinter ein paar leidlich windgeschützten Felsvorsprüngen legten wir unsere Schlafsäcke aus. Aus Tütensuppe, getautem Schnee und unserer

Was hält der alte Schamane aus Arviat wohl davon, daß in Nunavut (am Mackenzie River nahe Norman Wells) zunehmend nach Öl gebohrt wird (unten)?

Anglerbeute bereiteten wir auf einem Campingkocher ein überraschend leckeres Mahl und betteten uns anschließend trotz des immer noch taghellen Himmels zur Nacht. Es war nur eine kurze Rast, nach einer halben Stunde hieß es. »Der Wind hat sich gelegt. Alle Mann in die Boote.« Drei Stunden später machten wir wieder fest am Steg von Iqaluit. Wir waren zurück in einer Gesellschaft, die noch an Rettungswesten glaubt.

Die beiden Bewohner von Coral Harbour auf Southampton Island jedenfalls scheinen erfreut darüber zu sein, daß der Abbau der Bodenschätze die Kassen des Inuit-Territoriums Nunavut zu füllen beginnt.

Iqaluit ist die Hauptstadt von Nunavut. Das Wort bedeutet in der Inuitsprache »unser Land« und steht seit dem 1. April 1999 für ein Staatsgebiet von der Größe Westeuropas. 28 000 Seelen leben auf 1 994 000 Quadratkilometern aus Felsen und Eis: Kanadas jüngstes Territorium, das aus den Northwest Territories herausgelöst wurde. Seitdem ist alles da: Ministerien, die auf einige der kleinen Siedlungen zwischen Québec und dem

Schmelzwasser bilden zur Freude der Fotografen im Eis bisweilen fotogene Höhlen.

Schlauchboote und Kajaks sind die einzigen Verkehrsmittel, mit denen man sich im Otto Fjord bewegen kann (rechts oben).

Die Eroberung der Arktis ging aber nicht nur auf dem Wasser, sondern auch in der Luft vonstatten. Daran erinnert der pittoreske Flugveteran (rechts unten).

Nordpol verteilt sind, und ein igluartiges Parlamentsgebäude für die Regierung und die 19 Volksvertreter. Parteien kennt das Parlament nicht. Finanzsorgen hat es auch nicht, denn die Regierung in Ottawa alimentiert Nunavut zumindest für die kommenden Jahre recht großzügig. Später sollen die Einnahmen aus dem Abbau der Bodenschätze die Kassen füllen.

Die Volksvertretung weiß, daß sie dennoch kein leichtes Los hat. Die Inuit (den Namen »Eskimo« mögen sie nicht, weil es ein Schmähname der Indianer für die »Rohfischesser« war) müssen nun beweisen, daß sie sich weitgehend selbst regieren und verwalten können. Sie müssen – je nach

«Handgemachte» Kunst im Schnee gibt durchaus mal ein Motiv für das persönliche Urlaubsalbum ab.

Berechnung – 20 bis 35 Prozent Arbeitslosigkeit bekämpfen und Perspektiven bieten für ein Volk, dessen Menschen zu gut 55 Prozent unter 25 Jahren alt sind. Sie müssen auch den Alkoholmißbrauch und das als Rauschgiftersatz geltende Benzinschnüffeln eindämmen. Sie müssen die höchste Selbstmordrate Kanadas senken. Kurzum, sie müssen Jobs beschaffen.

Die Möglichkeiten sind gering. Die Ölbohr-Plattformen beschäftigen vergleichsweise wenig Menschen, von denen überdies hohe Qualifikationen gefordert werden. Bei den meisten Inuit mangelt es daran. Deshalb hoffen auch die Regierenden von Nunavut auf etwas mehr Tourismus. Die Erwartungen richten sich dabei vor allem auf den Auyuittuq National Park auf Baffin Island, auf jener Insel, auf der auch die Hauptstadt liegt. Deren Flughafen soll den Zugang bilden für das »Land, das niemals schmilzt«, so die Übersetzung für Auyuittuq. Die eigene Fluggesellschaft sorgt mit einer betagten Boeing für tägliche Flüge nach Montréal. »First Air« heißt die Luftlinie. »Das klingt wie *First Aid,* nicht wahr?« fragte uns lachend ein Inuit, mit dem wir auf dem Flughafen von Montréal ins Gespräch gekommen waren. *First Aid*, Erste Hilfe, das ist kein schlechter Name für einen jungen Staat. »Ich denke«, sagte unser Gesprächspartner fröhlich, »wir brauchen noch auf Jahrzehnte Erste Hilfe.«

Die meisten Inuit müssen heute zwar nicht mehr von ihrer Jagdbeute leben, sie sind aber dennoch begeisterte Jäger, die selbst die geschützten Moschusochsen – entsprechend dem »subsistence hunting«-Gesetz – noch ins Visir nehmen dürfen. Von Herbst bis Frühling ist dieses Jagdrevier so kalt, daß einem der Atem am Bart festfriert.

Das Eisland hoch im Norden bietet einzigartige Reize, sei es einen Polarbär in vollem Lauf, ein Iglu bei Nacht oder einen Eisberg, der eine ausgedehnte Fotostudie wert ist. ▷

Da sich der Flugverkehr im Land der Eisberge in Grenzen hält, stört es auch nicht, wenn man sein Zelt direkt neben der Piste aufschlägt. Ein längerer Aufenthalt lohnt sich, um beispielsweise die etwas versteckte, aber vielfältige Pflanzenwelt der Arktis zu erkunden oder mit viel Glück sogar einmal einem Wolf zu begegnen.

Land und Wasser bilden in den arktischen Region immer wieder neue Landschaftsmuster wie diesen Pingo – einen von einer dünnen Vegetationsschicht überzogenen Eishügel (rechts).

»Ho for the Klondike!«

Es war der 17. August 1896, als George Carmack, »Skookum Jim« Mason und »Dawson Charlie« in den Geröllbänken des Rabbit Creek ein reiches Goldlager entdeckten, ihre Claims absteckten und diese in Fortymile eintragen ließen. Die Siedlung war von ein paar Goldgräbern ge-

Fast 45 Grad steil war der letzte Anstieg, den die Goldgräber vor dem Chilkoot Pass zu bewältigen hatten. Jack London bezeichnete diesen Streckenabschnitt als den »Vorraum zur Hölle«.

gründet worden, die schon seit einigen Jahren in der Region ihr Glück suchten – mit sehr mäßigem Erfolg. Als die Kunde vom vielen Gold am Kaninchen-Bach trotz aller Geheimhaltung allmählich durchsickerte, wurde das Gewässer flugs in Bonanza Creek umgetauft. Dutzende machten sich auf in das neue Goldland, viele vergeblich, aber einige machten kleine Vermögen.

Die Außenwelt wußte noch nichts von der Bonanza im Yukon Territory, denn der Winter war inzwischen hereingebrochen und Fortymile von der Außenwelt weitgehend abgeschnitten. Erst im Frühling erreichte die goldene Kunde die Städte an der amerikanischen Pazifikküste. »Tons of Gold«

»Pack Trains« hießen die Karawanen aus Pferden oder Mulis, mit denen die Goldgräber versorgt wurden.

hätten die Schiffe geladen, mit denen die ersten erfolgreichen Goldgräber zurückkehrt seien, hieß es in Seattle und San Francisco. Sofort strömten Massen in den Norden. »Ho for the Klondike!« hieß das weltweite Motto, nachdem auch am Klondike River reichlich Nuggets entdeckt worden waren. Bereits 1898 hatte Dawson City, zuvor ein unbedeutendes Nest am Zusammenfluß von Yukon und Klondike, rund 40 000 Einwohner – eine Zahl, die das Yukon Territory insgesamt seither nie wieder erreicht hat.

Der schnellste und damit auch beliebteste Weg zum Klondike führte damals über die Häfen Skagway oder Dyea in Alaska und von da aus durch die Berge über den White Pass oder den Chilkoot Pass. Im Winter erforderten diese tief verschneiten Routen eine enorme Kraft und Ausdauer, aber die Glücksritter wollten nicht warten und kämpften sich bergan. Sie mußten ihre gesamte Ausrüstung über die steilen Paßpfade schleppen. An der Grenze wurden sie von kanadischen Mounties erwartet: Alle Neuankömmlinge mußten nachweisen, daß sie Verpflegung für ein Jahr bei sich hatten. Wer zu wenig gebunkert hatte, wurde gnadenlos zurückgeschickt.

Auch in den Goldfeldern sorgten die Mounties mit eiserner Hand für Ordnung. Keine Chance für Wildwest, selbst auf dem Höhepunkt des Goldrauschs ging es im Yukon vergleichsweise zivilisiert zu. Sowohl die Neulinge in der rauhen Wildnis, die »Cheeckakoes«, als auch die alten Hasen, die nach ihren Sauerteigvorräten genannten »Sourdoughs«, wurden von den Polizisten stets unter Kontrolle gehalten.

Der Goldrausch war einer der größten in der Geschichte des gleißenden Edelmetalls. Doch auch er sollte nur von kurzer Dauer sein. Zwar war Gold für die damals enorme Summe von etwa 95 Millionen Dollar gefunden worden, aber 1903 waren die großen Lagerstätten ausgebeutet. Binnen Monaten sackte die Bevölkerungszahl wieder auf 5 000 ab und das Yukon Territory verfiel erneut in seinen historischen Schlummer.

Blauäugig durch die Wildnis

»These blue eyes are so sweet«, schwärmte die Kalifornierin. Sie ließ sich nur mit Mühe von den Einheimischen zurückhalten, zu gerne hätte sie die Schlittenhunde geherzt. Aber Huskies, die im Renntraining sind, können bisweilen etwas eigen sein, wenn fremde Menschen sie anfassen wollen. »Wenn sie im Streß sind, lassen sie nur ein paar vertraute Personen an sich heran. Dann parieren sie auch nur noch ihrem *musher*«, erklärte Tim. Er war mit seinem Husky-Gespann aus Alberta hinüber ins Yukon Territory gekommen. Im Sommer herrscht ihm in seiner Heimatprovinz zuviel Rummel, dann kann er seine Tiere nicht ungestört trainieren. »Hier in Whitehorse gibt es nicht so viele Touristen. Hin und wieder mal eine entzückte Amerikanerin, das halten wir schon aus«, sagte er grinsend.

Tims zwölf Hunde zerrten in ihrem Gespann. Sie waren unruhig, sie wollten zu ihrem ersten Lauf an diesem Tag starten. Damit sie sich nicht auf dem Asphalt verletzten, trugen sie spezielle kleine Pfotenschützer. Tim muß im Sommer auf glattem Pflaster bleiben, denn seinem Schlitten hat er kleine Räder angeschnallt. Das Sommertraining braucht seine blauäugige Meute, damit sie im Winter fit ist für die Wettbewerbe, bei denen es

Wenn die Huskies ausgeruht sind, können sie ein mächtiges Tempo vorlegen. Bis der Nachwuchs das erste Mal vor einen Schlitten gespannt wird, dürfte allerdings noch einige Zeit vergehen.

um recht ordentliche Preisgelder geht. Deshalb gibt es unter den *mushers* auch schon einige Profis. Tim ist Halbprofi, er ist noch auf seine Einnahmen als Versicherungsagent angewiesen.

Sein größter Traum ist ein Start mit seinem Team beim »Yukon Quest«, einem der härtesten Schlittenhunderennen der Welt. Jeweils im Februar geht es von Whitehorse hinüber nach Fairbanks in Alaska, eine Strecke von über 1 000 Meilen, über 1 600 Kilometer durch die verschneite Februarlandschaft, durch die Berge und über bis zu 1 300 Meter hohe Pässe. »Die Besten schaffen es in elf bis zwölf Tagen. Meine Hunde sind noch nicht so weit, wir würden wohl 14 bis 15 Tage brauchen«, sagte Tim achselzuckend.

Wer hatte als erster die Idee, Hunde vor einen Schlitten zu spannen? Tim wußte es nicht genau: »Entweder die Inuit oder die Indianer. Beide hatten Schlittenhunde. Die weißen Trapper, vor allem die Franzosen, haben aber den Wert von Hundegespannen schnell erkannt. Ihnen verdanken wir übrigens das Wort *musher* für den Hundeführer.« Wie das? »Schlittenhunde werden nur durch Zurufe gelenkt. Die Franzosen riefen immer marchez!, wenn die Tiere laufen sollten. Die Briten haben das aber nicht genau verstanden, so wurde im Lauf der Zeit *musher* daraus.«

Die Schlittenhund-Gespanne erleben seit Mitte der 1990er Jahre eine Renaissance in Nordamerika. Im Winter finden in Kanada an jedem Wochenende irgendwo Rennen statt, Touren mit den Hunden sind auch ein beliebtes touristisches Programm geworden. Deshalb züchten inzwischen wieder viele Kanadier Huskies. Als Arbeitstiere werden sie aber kaum noch eingesetzt, da hat sie das *snowmobil,* eine Art Motorroller auf Kufen, fast völlig verdrängt. Die Schneemobile heißen übrigens in der Sprache der Inuit »Mechanische Hunde«.

Raum ist in der kleinsten Schneehütte, und an Komfort – siehe Handtücher – mangelt es auch nicht.

Aus Speckstein, Walknochen und vielen anderen Materialien schnitzen viele Inuit Figuren, die seit einigen Jahren bei den Sammlern sehr begehrt sind.

Mord in Speckstein

Eigentlich war es eher als Beschäftigungstherapie gedacht, als ihre Betreuer den Inuit in den sechziger Jahren rieten, Plastiken zu machen oder Bilder zu malen. Zugleich sollte dies den Ureinwohnern aus der Arktis nicht nur Einnahmen bringen, sondern auch Stolz auf die eigene Kultur vermitteln – was als Therapeutikum gegen Aggressivität, Trinkorgien oder Rauschgift gedacht war.

Mit der Kunst ist es zumindest einer kleinen Schar von Inuit gelungen, wieder mit Selbstbewußtsein auf die eigene Vergangenheit zurückzublicken und zugleich wirtschaftliche Erfolge zu erzielen. »Eskimo-Kunst« ist inzwischen in Nordamerika und Europa recht gefragt, das gilt vor allem für die meist vollendet abgerundeten Steinplastiken und die eindrucksvoll stilisierten Drucke. Gute Inuit-Plastiken erzielen mittlerweile fünfstellige Summen, sie stellen meist Szenen aus dem Nomadenalltag, der mythischen Überlieferung oder aus dem Tierkreis der Arktis dar. Alte Kunstwerke der Dorset-Zeit (800 vor bis 1400 nach Christus) aus Elfenbein oder Knochen, etwa Angelhaken, Behältnisse oder kleine Figuren, sind inzwischen sehr teure Sammlerstücke. Kenner weisen auf das besondere Einfühlungsvermögen hin, mit dem diese Stücke geschaffen wurden. Die Zeugnisse der folgenden Thule-Epoche, so die Experten, stellen dagegen stärker den Gebrauchswert der Werke heraus.

Die Kunst des Modellierens ist nie abgebrochen, bis in die Gegenwart schnitzen die Inuit Figuren, heute meist aus Speckstein (Stealit). Andere meißeln solche kleinen Skulpturen sogar aus Granit. Auch außerordentliche Ereignisse werden in dieser Form festgehalten, so gibt es viele Plastiken, die Morde und andere spektakuläre Vorkommen in Stein bannen. Die Plastiken sind selten größer als 10 bis 15 Zentimeter, für die Nomaden mußte die Kunst leicht transportabel sein. Größere Plastiken lassen auf ein jüngeres Entstehungsdatum schließen.

Viele Werke werden inzwischen speziell für Touristen geschaffen; es gibt kaum einen Souvenirladen zwischen Halifax und Vancouver, der keine »Eskimo-Kunst« anbietet, meist plumpes Zeug, das die Meisterschaft und Spiritualität der Inuit allenfalls erahnen läßt. Besser bedient ist man meist in Galerien, die sich auf die Kunst der nordischen Ureinwohner spezialisiert haben und die es in allen großen Städten gibt. Sie kaufen meist bei Inuit-Kooperativen ein, zu denen sich viele Künstler und Kunsthandwerker zusammengeschlossen haben. Die Kooperativen werden von der Regierung unterstützt, weil sie als sinnvolle Einrichtungen für die einstigen Jäger gelten. Das sehen auch die Inuit ähnlich: »Unsere Speere sind nun Pinsel und Zeichenstifte«, sagte ein Künstler in Iqaluit, »und unsere Messer sind zu Schnitzmessern geworden.«

Jedem das Seine: Das kleine Inuit-Mädchen schmust mit seinem Hund, der freundliche Erwachsene präsentiert sein eher unfreundlich blickendes Kunstwerk.

X Kanada auf einen Blick

Kanada ist das größte Land auf dem amerikanischen Kontinent, mit knapp 10 Millionen Quadratkilometern ist es nach Rußland der zweitgrößte Staat der Welt. Es grenzt im Süden an die USA, im Westen ist es vom Pazifik, im Norden vom Nordpolarmeer und im Osten vom Atlantik umgeben. Die Gesamtlänge seiner Küsten einschließlich der 52455 Inseln beträgt 243 792 Kilometer, das ist Weltrekord. Der Großteil der Bevölkerung konzentriert sich auf einige wenige geographische Regionen des Landes, rund 60 Prozent aller Einwohner leben in der rund 1 000 Kilometer langen Zone zwischen Québec City und Windsor in Ontario.

Politisch ist das Land in zehn Provinzen sehr unterschiedlicher Größe aufgeteilt: Québec besitzt als größte Provinz eine Fläche von gut 1,54 Millionen Quadratkilometern, dort leben nahezu sieben Millionen Menschen. Prince Edward Island, die kleinste Provinz, hat eine Fläche von 5 657 Quadratkilometern und rund 130 000 Bewohner. Die bevölkerungsreichste Provinz ist Ontario mit fast elf Millionen Bürgern. Zu den Provinzen kommen im subarktischen und arktischen Norden drei Territorien mit eingeschränkter Selbstverwaltung hinzu. Das jüngste Territorium, Nunavut, entstand erst 1999; damit erhielten die Inuit (früher: Eskimos) ein eigenes Staatsgebiet.

Inuit und Indianer sind die Ureinwohner Kanadas, eine meist recht liberale staatliche Einwanderungspolitik hat ein buntes »Völkermosaik« entstehen lassen. Die Mehrzahl der Bewohner ist zwar britischer und französischer Herkunft, aber es gibt große Bevölkerungsteile, deren Wurzeln in anderen europäischen Staaten liegen. Auch für Deutsche war Kanada stets ein bevorzugtes Auswanderungsziel. Die größten Einwandererkontingente stellen inzwischen aber nichteuropäische Völker, wobei die Immigranten aus asiatischen Staaten auf den vorderen Plätzen stehen.

Wirtschaftlich ist Kanada stark von der Verwertung seiner reichhaltigen Bodenschätze (vor allem Kupfer, Nickel, Blei und Zink) und seiner natürlichen Ressourcen geprägt. Dazu zählen insbesondere die ausgedehnten Wälder, die eine starke Holz- und Papierindustrie mit Rohstoff versorgen, und die großen Süßwasserreserven, aus denen preiswerte Energie gewonnen wird. Mit dieser Energie wird auch die Industrie bedient, sie ist – vor allem im Automobilbau – eng verzahnt mit den entsprechenden Industriebranchen in den

In den schmalen Gassen der Altstadt von Québec City zeigt sich der besondere Charme der frankokanadischen Großstadt.

Kraftvolle Schlepper furchen im Winter Fahrrinnen in das Eis des St.-Lorenz-Stroms, um die Arbeit in den Häfen und auf den Frachtschiffen zu erhalten.

USA. Obwohl nur etwa sechs Prozent der Fläche Kanadas landwirtschaftlich genutzt werden können, ist das Land einer der weltgrößten Exporteure von landwirtschaftlichen Produkten, insbesondere von Getreide.

Dank seiner »Gründernationen« Großbritannien und Frankreich hat Kanada ein reiches kulturelles Erbe angetreten. Schon in der frühen kolonialen Periode fanden Theateraufführungen und Konzerte statt. Andererseits erforderte die »Eroberung« ei-

Für West-Kanada, insbesondere für British Columbia, ist die Holzverarbeitung ein wichtiger Wirtschaftszweig. Für ihn werden auch schutzwürdige alte Wälder gefällt.

Ganz futuristisch gibt sich das Space & Science Centre in Edmonton.

ner schier endlosen Wildnis die ganze Kraft der Pioniere, eine Situation, die der Förderung der Künste nicht gerade zuträglich war. Nach dem Zweiten Weltkrieg empfanden die Kanadier kulturelle Mangelerscheinungen, was die Regierung zu umfangreichen Förderprogrammen veranlaßte. Sie zeigten durchaus Wirkung, Künstler von Weltrang sind allerdings immer noch rar, wenn man einmal von der Unterhaltungsmusik und dem Film absieht. Die kanadische Malerei wurde in den 1920er Jahren von der »Group of Seven« geprägt, in den 1930er Jahren machte sich vor allem Emily Carr einen Namen. Unter den Schriftstellern ragen mit anhaltend hohen Auflagen Lucy Maud Montgomery und der Trivialromancier Arthur Hailey hervor, literarische Bedeutung erlangten Robert Service, Mordecai Richler, Margaret Atwood, Pierre Berton und die auf französisch schreibende Anne Hébert.

Zu den Kanadiern, die oft für US-Amerikaner gehalten werden, gehört der Architekt Frank O. Gehry, dessen Entwürfe vor allem durch seine gebogenen und gebrochenen Linien gekennzeichnet sind. Zu seinen bekanntesten Gebäuden gehört das Guggenheim Museum im spanischen Bilbao. Gehry steht in einer Reihe mit bekannten kanadischen Kollegen wie Raymond Moriyama, Arthur Erickson oder Barry Vance Downs. Die Bedeutung, die sich das Land im Bereich der Architektur erworben hat, spiegelt sich auch im überwiegend privat finanzierten Canadian Centre for Architecture in Montréal wider, das Museum und Forschungsstätte zugleich ist.

Privatwirtschaftliche und staatliche Unterstützung haben besonders den darstellenden Künsten geholfen, sei es durch die Förderung guter Ensembles, sei es durch den Bau exzellenter Spielstätten. So kamen Montréal, Toronto und Vancouver zu renommierten Symphonieorchestern, Manitoba zum weltberühmten Royal Winnipeg Ballet. In Toronto hat die Canadian Opera Company ihre Heimatbühne, der international anerkannte Mendelssohn Choir ist dort ebenso beheimatet wie die Blechbläser der Canadian Brass. Zwei kanadische

Die »Tailings«, raupenförmige Schotterhügel im Tal des Klondike River, sind eine Hinterlassenschaft der Schwimmbagger, die das Gelände nach Gold durchwühlten.

Die Blockhütte, in der der Dichter des Yukon, Robert Service, in Dawson City gelebt hat (rechts).

Theaterfestivals haben sich international etabliert: das Shakespeare-Festival, das alljährlich von April bis November in Stratford (Ontario) stattfindet, und das den Werken George Bernard Shaws gewidmete Festival in Niagara-on-the-Lake (Ontario). Der irische Spötter hatte einst eine Einladung nach Kanada mit der Begründung ausgeschlagen, er wolle nicht in ein abgelegenes Land voller Wilder reisen, in dem die Gefahr bestehe, intellektuell zu verhungern.

An- und Einreise

Bürger Deutschlands, Österreichs und der Schweiz benötigen einen Reisepaß, der mindestens bis Aufenthaltsende gültig ist, können aber ohne Visum nach Kanada einreisen. Für den Aufenthalt müssen genügend Finanzmittel nachgewiesen werden, gegebenenfalls muß anhand des Rückflugtickets auch belegbar sein, daß die Rückreise gesichert ist. Die meisten europäischen Touristen reisen per Flugzeug an, sie landen meist in Toronto oder Vancouver. Alle Landeshauptstädte und viele Großstädte haben internationale Flughäfen, vor allem mit Verbindungen in die USA. Viele europäische Touristen nutzen Autoreisen durch Kanada zu einem Abstecher in die USA, die Grenzkontrollen sind in der Regel sehr unkompliziert.

Auskunft

Kanadische Botschaft
Friedrichstr. 95, 12. Stock, 10117 Berlin
✆ (030) 203 12-447, (030) 203 12-134
www.kanada-info.de

Canadian Tourism Commission
Postfach 20 02 47, 63469 Maintal
✆ (018 05) 52 62 32, Fax (061 81) 49 75 58
www.travelcanada.ca

Im Internet findet man unter den folgenden Adressen ausführliche Informationen:
Alberta: www.travelalberta.com – ausführliche Informationsquelle für Alberta mit vielen Links
British Columbia: www.travel.bc.ca – mit Suchmaschine
Manitoba: www.travelmanitoba.com
New Brunswick: www.tourismnewbrunswick.ca
Newfoundland: www.gov.nf.ca/tourism – Tourismus-Link der Provinz
Northwest Territories: nwttravel.nt.ca – mit Travel Guide zum Herunterladen
Nova Scotia: www.novascotia.com
Nunavut: nunavuttourism.com

Prince Edward Island: www.pe.ca/visitorsguide
Québec: www.bonjourquebec.com
Saskatchewan: www.sasktourism.com
Yukon Territory: www.touryukon.com
www.parkscanada.gc.ca – offizielle Homepage der kanadischen Nationalparks

Automiete/Autofahren

Die führenden internationalen Autovermieter und die kanadische Firma Tilden sind an allen großen Flughäfen und in vielen Städten vertreten. Daneben gibt es eine Reihe von Wohnmobil-Vermietern. Sowohl Personenwagen als auch Wohnmobile sind in den Ferien meist ausgebucht, für diese Zeit empfiehlt sich eine frühzeitige Reservierung. Mehrere deutsche Reiseveranstalter haben Mietwagen im Programm. Die Fahrzeuge sind meist nur haftpflichtversichert, andere Versicherungen können zusätzlich abgeschlossen werden. Die Mieter müssen 21 (bisweilen auch 25) Jahre alt sein und ihren Führerschein sowie eine Kreditkarte vorlegen. Nur bei längerem Aufenthalt wird ein internationaler Führerschein verlangt.

Treibstoff ist in Kanada deutlich preiswerter als in Europa, die verkauften Mengen werden an den Zapfsäulen in Litern angegeben. Die Verkehrsregeln entsprechen weitgehend den in Mitteleuropa geltenden Bestimmungen, alle Entfernungs- und Geschwindigkeitsangaben werden in Kilometern aufgeführt. Das Tempolimit liegt, wenn nicht anders angegeben, generell bei 100 km/h und in den Orten meist bei 50 km/h. Es herrscht Gurtpflicht.

Das Auto macht's möglich und nötig: Stippvisite am Bear Glacier (oben) und Tankstopp in Boundary

Eishockey – ein nationaler Mythos

Wenn das Ahornblatt schon die Nationalflagge ziert, dann steht es auch einer der besten Mannschaften im beliebtesten Sport des Landes zu, diesen Namen zu tragen, den Toronto Maple Leafs. In Kanada muß man niemandem erläutern, in welcher Sportart die »Ahornblätter« antreten. Im Hockey natürlich. Aber mit dieser Auskunft ist dem Rest der Welt nicht gedient, spielt man doch in anderen Erdteilen Hockey vorzugsweise auf Natur- oder Kunstrasen. Nicht so in Kanada. Dort wird Hockey selbstverständlich auf Eis gespielt. Da erübrigt sich die genaue Bezeichnung »Eishockey«. Was für den Rest der Welt »Hockey« ist, wird in Kanada »Field Hockey« oder »Ground Hockey« genannt.

Für die Kanadier hat Eishockey, das schnellste Mannschaftsspiel der Welt, eine fast metaphysische Bedeutung. Der frühere Spieler Bruce Kidd faßte es in seinem Buch »The Death of Hockey« so zusammen: »Hockey ist eine kanadische Metapher, die Eisfläche ein Symbol für die riesigen Wasser- und Wildnisflächen des Landes, für seine extremen klimatischen Verhältnisse. Der Spieler ist ein Sinnbild unseres nationalen Kampfes, dieses Land zu zivilisieren.«

Wie auch immer, unstreitig ist, daß fast jeder kanadischer Junge von dem Traum beseelt wird, eines Tages für Mannschaften der National Hockey League (NHL) übers Eis zu kurven. Es gibt keinen Winkel in Kanada, wo nicht mindestens eine Jugend- und eine Erwachsenenmannschaft im Winter Woche für Woche aufs Eis gehen. Natürlich sind die Kanadier auch davon überzeugt, das Eishockey erfunden zu haben. Sie können sich nur nicht darauf verständigen, ob Seeleute in Halifax, Studenten der McGill University in Montréal oder Soldaten der Royal Canadian Rifles in Kingston Mitte des 19. Jahrhunderts erstmals Holzstücke mit Krummhölzern über das Eis geschoben haben. Einig sind sie sich nur darüber, daß das Spiel damals »Shinny« genannt wurde.

Historiker mögen unverdrossen darauf hinweisen, daß die Holländer schon lange zuvor auf ihren zugefrorenen Grachten solch einem Sport frönten – derlei wird in Kanada schlicht ignoriert. Bestenfalls wird noch eingeräumt, daß französische Navigatoren 1740 Indianer auf dem Eis des St. Lawrence River bei einer Art Eishockey beobachteten. Unzweifelhaft ist aber, daß die Kanadier dem Spiel seine Regeln gaben und 1886 die Amateur Hockey Association of Canada die erste Meisterschaft organisierte. Zwei Jahre später stiftete der damalige Generalgouverneur Lord Stanley of Preston, der sich ebenso wie seine acht Söhne für das Spiel auf dem Eis begeisterte, einen knapp 50 Dollar teuren Cup für die beste Mannschaft. Die Teams bestanden bis 1893 nur aus Amateuren, aber das schnell wachsende Interesse an der Flitzerei mit dem Puck brachte den Vereinen immer mehr Geld, das sie zum Kauf neuer Spieler einsetzten – der Profi war geboren. Der »Stanley Cup« ist bis heute die wichtigste Trophäe für die harten Burschen auf stählernen Kufen geblieben – weit wichtiger als Weltmeisterschaften und Olympische Spiele. Deshalb mußten sich die Kanadier nicht allzu sehr grämen, als sie in den sechziger Jahren von den sowjetischen Teams als internationale Seriensieger abgelöst wurden.

Um so mehr konzentrierten sich die Kanadier auf den Stanley Cup, den nur kanadische oder amerikanische Mannschaften gewinnen können. Aber in diesem Wettbewerb dominieren bereits seit einigen Jahren meist die kapitalkräftigeren amerikanischen Vereine. Kanada verliert an Bedeutung in »seinem« Sport. Daß Wayne Gretzky, Kanadas größter Eishockey-Heros, seinen letzten Kampf um den Puck in amerikanischen Diensten in New York und nicht in Kanada absolvierte, ist für viele Kanadier bezeichnend.

Auch wenn die kanadischen Teams nicht mehr jedes internationale Turnier gewinnen – im Land selbst ist Eishockey immer noch die beliebteste Sportart bei den Zuschauern.

Nahrhaftes Kanada: Geräucherter Fisch, gekochter Maiskolben und Fastfood-Lunch auf der Parkbank.

Elektrizität

Kanadas Stromnetz arbeitet wie das amerikanische mit 110 Volt, Geräte aus Europa müssen entsprechend umstellbar sein. Notwendig ist auch ein Adapter für die zwei- und dreipoligen kanadischen Steckdosen.

Essen und Trinken

Das Speisenangebot in Kanada ist geprägt durch die vielen Nationalitäten, die dort eine neue Heimat gefunden haben. In allen größeren Orten gibt es italienische, griechische, chinesische und indische Restaurants. Wer zum Beispiel ukrainische, karibische oder deutsche Küche sucht, wird auch sie zumindest in den Großstädten finden. Unabhängig vom Herkunftsland eines Gerichts schätzen die Kanadier eine herzhafte Küche und stattliche Portionen zu meist vertretbaren Preisen. Das beliebteste alkoholische Getränk ist Bier, das etwas stärker und schmackhafter ist als beim amerikanischen Nachbarn. Wein wächst hauptsächlich in Ontario und in British Columbia, die Qualität der einheimischen Sorten hat sich in jüngster Zeit verbessert. Weit verbreitet und relativ preiswert sind auch amerikanische Weine, sonstigen Kreszenzen merkt man preislich die Einfuhrzölle und die langen Transportwege an. Die gängigen Spirituosen werden alle im Land gebrannt, ein Spezialität ist der Rye, der kanadische Whiskey. Abgesehen von Québec wird Alkohol nicht im Supermarkt, sondern nur in staatlichen Läden oder in privaten Fachgeschäften mit entsprechender Lizenz verkauft. Sie schließen meist früh am Abend und an Sonn- und Feiertagen. Bars und Nachtclubs sind in der Regel nicht länger als bis 1 oder 2 Uhr geöffnet; auch hier ist Québec (mit Öffnungszeiten bis 3 oder 4 Uhr) liberaler.

Feiertage/Feste

Nationale Feiertage sind Neujahr, Karfreitag, Ostermontag, Victoria Day (20. Mai), Canada Day (1. Juli), Labour Day (erster Montag im September), Thanksgiving (zweiter Montag im Oktober), Remembrance Day (11. November) und die beiden Weihnachtstage. Québec feiert am 24. Juni den Tag des Saint-Jean-Baptiste, arbeitet aber am ersten Montag im August, wenn alle anderen Provinzen einen freien Tag genießen.

Hinzu kommt eine große Zahl an regionalen und lokalen Feiertagen, die – selbst in kleinen Orten – oft mit attraktiven Feste oder folkloristischen Ereignissen verbunden sind. So gibt es in Newfoundland beispielsweise ein Bratapfel-Festival im August, Prinz Edward Island zieht im September zu einem »Storytelling Festival« Geschichtenerzähler aus der ganzen Welt an, New Brunswick hat sowohl ein Hummer- wie auch ein Schokoladen-Fest. Daß Nova Scotia schottische »Highland Games« mit Steinstoßen und Baumstamm-Balancieren feiert, überrascht nicht, unerwartet ist eher das Festival der Straßenkünstler im August.

Québec bittet im Juni zur »Welt der Biere« mit Kostproben und Speisen, die mit Bier zubereitet wurden, während Ontario zum »größten Oktoberfest außerhalb Deutsch-

lands« einlädt. Das Sonnenblumen-Festival in Manitoba präsentiert für ein Wochenende die Alltagskultur der Mennoniten. Die »Kinsmen Big Valley Jamboree« zieht im Juli Country-Sänger aus ganz Nordamerika nach Saskatchewan, während sich die Cowboy-Dichter im Juni zum »Gathering of Cowboy Poetry« in Alberta versammeln. In British Columbia sind Cowboys die Helden beim »Cattle Drive«, dem Viehtrieb.

Auch die Territorien feiern munter mit, Nunavut etwa mit dem nördlichsten Marathonlauf der Welt, der im Juli von der Mitternachtssonne beschienen wird. Die Northwest Territories haben jeweils im Juli beim »Great Northern Arts Festival« Künstler aus allen arktischen und subarktischen Ländern zu Gast. Und der Yukon veranstaltet getreu seiner Geschichte natürlich einen Wettbewerb im Goldwaschen, bei dem sich auch Touristen versuchen dürfen.

Geld

Der kanadische Dollar ist in 100 Cents unterteilt. Dazu gibt es Münzen in folgender Stückelung: ein Cent *(penny)*, fünf Cents *(nickel)*, zehn Cents *(dime)*, 25 Cents *(quarter)*, ein Dollar *(loonie*, nach dem auf einer Münzseite abgebildeten Wasservogel *loon)* und zwei Dollar. Die kanadischen besitzen die gleiche Größe wie die entsprechenden amerikanischen Münzen (sie sind etwas mehr wert) und können deshalb leicht mit ihnen verwechselt werden. Kanadische Geldscheine gibt es in Noten zu 5, 10, 20, 50, 100, 500 und 1 000 Dollar.

Gängige Kreditkarten wie American Express, Diners Club, Mastercard oder Visa werden fast überall in Kanada akzeptiert. Reisen ohne Kreditkarte können recht beschwerlich werden. Weit verbreitet sind auch Geldautomaten *(ATM, automated teller machine)*, viele akzeptieren in Europa ausgestellte Kredit- und Euroscheckkarten. Reiseschecks in Dollar-Notierung werden zumindest in den Regionen mit viel Tourismus angenommen und wie Bargeld behandelt.

Die Banken wechseln in den größeren Städten und an internationalen Flughäfen Euro und Schweizer Franken. Die meisten Banken sind montags bis freitags von 10 bis 16 Uhr und zunehmend auch an Samstagvormittagen geöffnet. An den Flughäfen sind ihre Öffnungszeiten den Ankunftszeiten angepaßt.

In ganz Kanada wird eine Mehrwertsteuer von derzeit sieben Prozent erhoben. Touristen können sich diese *goods-and-services tax (GST)* für alle Übernachtungen im Land, auch auf Campingplätzen, und für alle Waren, die mit aus dem Land genommen werden, erstatten lassen. Während für die Übernachtungskosten jeder Betrag erstattet wird, gilt dies bei Einkäufen nur für Gesamtrechnungen über 50 Dollar. Für Einkäufe des täglichen Bedarfs, wie Lebensmittel, Restaurantkosten, Treibstoff, Automiete oder Eintrittskarten aller Art, erhält man die *GST* allerdings nicht zurück. Um die Erstattung beantragen zu können, benötigt man die Originalrechnungen und einen entsprechenden Vordruck, der in den meisten Touristikbüros, in Duty-free-Shops und bisweilen in Hotels erhältlich ist. Die entsprechenden Summen werden dann auf Flughäfen oder an Grenzübergängen ausbezahlt; man kann die Unterlagen auch noch bis zu einem Jahr nach Reiseantritt einsenden.

Neben dieser Bundessteuer werden je nach Provinz zwischen sieben und zehn Prozent zusätzlicher Steuern erhoben, die auf die Preise aufgeschlagen werden. Einige Provinzen erstatten auch diese Beträge. Näheres erfährt man in den jeweiligen Touristikvertretungen der Provinzen.

Kinder

Mit Kindern zu reisen ist in Kanada problemlos. Die Transportmittel sind auf Kinder ebenso eingerichtet wie Restaurants oder Hotels und Motels. Flug- und Eisenbahngesellschaften bieten Sondertarife für Kinder an, Restaurants und selbst Fastfood-Stationen stellen Hochstühle für die ganz Kleinen bereit, oft werden auch preiswerte Kindermenüs serviert. Alle besseren Campinganlagen haben Kinderspielplätze. Hotels mit gehobenem Standard sorgen auch für Babysitter. Viele Touristikbüros haben spezielle Hinweise für Familien mit Kindern.

◁ *Der Goldrausch des Büro-Zeitalters: Himmelstürmende Immobilien im Zentrum von Vancouver.*

Von Kindertagen bis ins hohe Alter sind Inuit meist recht fröhlich.

Familienrast an den Pelican Rapids.

Klima/Reisezeit

Das riesige Land ist durch große Klimaunterschiede gekennzeichnet. In den nördlichen Regionen der Provinzen und vor allem in den Territorien ist eindeutig der Sommer die beste Reisezeit, weil dann die Tage lang und die Temperaturen angenehm sind. In der Sonne kann es während des Sommers in den subarktischen Regionen bis zu 20 Grad warm werden. Allerdings muß man zu dieser Jahreszeit dort oft mit lästigen Mückenschwärmen rechnen. Für die Südhälfte der Provinzen empfehlen sich April–August und September/Oktober als die besten Reisezeiten. Die Temperaturen entsprechen in etwa denen in Westeuropa. In der Prärie wird es im Sommer sehr heiß und im Winter sehr kalt. Relativ hohe Regenfälle haben ganzjährig die »Maritimes« am Atlantik und im Herbst und Winter die Küstenregionen von British Columbia. Wegen der prächtigen Laubfärbung der Wälder ist der frühe Herbst eine besonders empfehlenswerte Reisezeit für die Maritimes. In der sommerlichen Hauptsaison sind Hotels und Flugzeuge oft ausgebucht, dasselbe gilt für die Skisaison in British Columbia und Alberta. Beide Provinzen können mit dem feinen Pulverschnee aufwarten.

Maße und Gewichte

In Kanada werden die gleichen Maß- und Gewichtsangaben benutzt wie in Mitteleuropa. Auf Verpackungen werden oft auch noch die amerikanischen Maß- und Gewichtseinheiten genannt, weil die Waren in beiden Ländern verkauft werden.

Medizinische Versorgung

Kanada besitzt ein sehr gutes medizinisches System einschließlich der Notfallrettung, in Wildnisregionen werden Kranke und Verletzte auf dem Luftweg transportiert. Die Arzt- und Krankenhauskosten können allerdings sehr hoch werden. Sie werden von den gängigen europäischen Krankenversicherungen nicht abgedeckt. Deshalb empfehlen sich zusätzliche Reise-Krankenversicherungen.

Die Adressen deutschsprachiger Ärzte können über die **Deutsche Botschaft** in Ottawa (P.O. Box 379, Postal Station »A«, Ottawa, Ontario K1N, 8V4, Kanada, ✆ 001-613-232-1101, Fax 001-613-594-9330, www.GermanEmbassyOttawa. org) erfragt werden.

Anfang März 2003 traten auch in Kanada, besonders in Toronto, SARS-Erkrankungen auf. Daraufhin hatte die WHO die Empfehlung ausgesprochen, nicht unbedingt erforderliche Reisen nach Toronto zu verschieben. Anfang Juli, nachdem 20 Tage lang kein neuer Fall aufgetreten war, wurde diese Empfehlung aufgehoben, dem hat sich auch das Auswärtige Amt der Bundesrepublik angeschlossen. Experten fürchten jedoch, dass die Krankheit im Herbst wieder ausbrechen könnte. Informieren Sie sich vor einer Reise über den neuesten Stand. Schutzimpfungen sind deshalb nicht notwendig und werden nur verlangt, wenn die Einreisenden aus Seuchengebieten kommen.

Post

Die kanadische Post hat ein relativ dichtes Filialnetz. Briefmarken sind auch in Souvenirläden, Drogerien und kleinen Le-bensmittelhandlungen erhältlich. Bei allen Postämtern kann man Post hinterlegen lassen. Sie sollte den Hinweis »General Delivery«, den Namen des Adressaten und der jeweiligen Ortschaft tragen. Normale Post nach Westeuropa dauert drei bis fünf Tage.

Shopping

Die meisten Geschäfte sind an Wochentagen von 9 bis 17 oder 18 Uhr geöffnet, Freitag oder Samstag gibt es »lange Abende« mit Einkaufsmöglichkeiten bis 20 oder 21 Uhr. In den Städten öffnen die Läden zunehmend auch sonntags. Über die besonders im Sommer beliebten Trödelmärkte informieren die lokalen Touristikbüros. Beliebte Souvenirs sind Kunstwerke der Inuit und der Indianer; empfehlenswert ist es,

Dining & Shopping: Das Alaska Cafe in Dawson Creek und der Eau Claire Market in Calgary.

zum Kauf Spezialgalerien aufzusuchen, da in Souvenirgeschäften oft zweitrangiges Kunsthandwerk angeboten wird. Gut und preiswert sind fast alle Sportgeräte und »Outdoor«-Textilien. Spezialitäten der Küsten sind Lachsfilets; echter *maple syrup* gilt als geschätztes Mitbringsel von der Ostküste.

Sicherheitshinweise

Kanada gilt als eines der sichersten Reiseländer der Welt. Dennoch ist es natürlich nicht zu empfehlen, Wertsachen im Hotelzimmer oder im Auto liegenzulassen. In den Großstädten gibt es, wie überall in der Welt, Gebiete, in die man als Tourist nicht oder nur mit besonderer Vorsicht gehen sollte. Die Hotels und Touristikbüros können die entsprechenden Hinweise geben, wo solche Viertel zu finden sind.

Gefahren besonderer Art lauern in der Wildnis. Sie gehen allerdings weniger von wilden Tiere wie Bären oder Wölfen aus, entsprechende Unfälle spielen statistisch nur eine geringe Rolle. Für den Fall aller Fälle: Wer von einem Bären angegriffen wird, sollte sich auf dem Boden zusammenkrümmen und die Arme schützend über den Kopf legen, oft lassen Bären von ihrem Opfer ab, wenn sie keine Bedrohung mehr befürchten.

Zu kritischen Situationen kann es nach einem Unfall kommen, zum Beispiel wenn das Kanu kentert, oder auch wenn man sich bei einer Wanderung verirrt hat. Dann gilt es, nicht in Panik zu verfallen und am Wasser oder auf dem *trail* zu bleiben. Dort ist die Chance, gefunden zu werden, ungleich größer als inmitten des oft unwegsamen Geländes. Es empfiehlt sich auch, möglichst nie allein unterwegs zu sein. Hilfreich sind Büchlein zum Thema *survival*, die überall in Kanada erhältlich sind und aus denen man zahlreiche Überlebenstips, zum Beispiel zur Bestimmung eßbarer Wildpflanzen, erhält.

Sport und Erholung

Der Sport spielt in Kanada eine recht große Rolle, vor allem Aktivsportarten wie Wandern, Rad- oder Kanufahren sind weit verbreitet. Auch Golf, das in Kanada durchaus nicht als Betätigung für »Snobs« angesehen wird, ist sehr beliebt, deshalb gibt es auch viele Golfplätze. Im Winter stößt man selbst in Großstadtnähe auf zahlreiche ge-

Dipping: Wassersportler in den Rapids of the Drowned des Slave River.

Badevergnügen in den Upper Hot Springs im Banff National Park.

Das Bootshaus am Maligne Lake ist bei Malern und Fotografen ein beliebtes Motiv.

spurte Loipen für Ski-Langläufer und Snowmobilfahrer, in den bergigen Provinzen können die Anhänger des alpinen Skilaufs ihrem Sport frönen. Gerade junge Leute spielen im Winter überall Eishockey, das auch die Sportart mit dem größten Zuschauerzuspruch ist, dicht gefolgt von American Football und Baseball.

Eine Besonderheit ist das urkanadische Lacrosse, ein an Feldhockey erinnerndes, ausschließlich im Sommer betriebenes Spiel, in dem schon die Algonquin-Indianer zahlreiche Wettkämpfe austrugen. Bei den Olympischen Sommerspielen 1904 und 1908 wurden Lacrosse-Turniere ausgerichtet, Kanada gewann jeweils erwartungsgemäß die Goldmedaille. Da es aber niemals gelang, erfolgreiche Lacrosse-Ligen zu organisieren, verliert Kanadas ältester Sport langsam aber sicher an Bedeutung.

Angeln ist ein Volkssport, auch die Jagd ist weit verbreitet. Touristen benötigen Angellizenzen, persönliche Angelausrüstungen dürfen zollfrei eingeführt werden. Jäger dürfen auch ihre Waffen mit ins Land nehmen, müssen diese aber gegen Gebühr beim Zoll lizensieren lassen. Darüber hinaus müssen Sie für jede Provinz und für jedes Territorium gesondert eine Jagdgenehmigung beantragen. In den Nationalparks und in vielen Naturschutzgebieten darf man allerdings keine Waffen bei sich führen. Näheres zum Erwerb der Angellizenzen und der Jagdgenehmigungen ist bei den jeweiligen Provinzvertretungen zu erfahren.

Bei Clearwater in den Rocky Mountains können Touristen in Tipis übernachten.

Sprachtips

Kanada ist offiziell zweisprachig. In der Praxis wird Französisch durchgängig nur in Québec gesprochen, größere französische Sprachinseln gibt es ansonsten nur in den Maritimes und in den Prärie-Provinzen. Im hohen Norden ist das Inuktitut eine offizielle Sprache, ansonsten kommen regional indianische Sprachen hinzu. Mit Englisch kann man sich im ganzen Land bewegen. Eine in den USA oft bespöttelte Eigenart der Kanadier ist es, viele Sätze mit einem »Eh« zu beenden.

Telefonieren

Telefonzellen sind in Städten und selbst kleineren Ortschaften zur Genüge vorhanden. An ihnen kann in der Regel mit Münzen und Telefonkarten, die es allenthalben zu kaufen gibt, bezahlt werden. Auf Flughäfen und in internationalen Zentren gibt es öffentliche Telefone, an denen die Gesprächsgebühren auch mit Kreditkarten beglichen werden können. Ortsgespräche kosten 25 Cents. Wie in den USA gibt es in Kanada für Anrufer kostenfreie Rufnummern, die mit 1-800 beginnen. Über sie kann man beispielsweise viele Unterkünfte, Flugzeug-, Bahn- und Bustickets bestellen. Die Vorwahl für Gespräche nach Deutschland ist ✆ 01149, nach Österreich ✆ 01143 und in die Schweiz ✆ 01141. Bei Anrufen von Europa nach Kanada gilt die Vorwahl ✆ 001.

Trinkgeld

Wie in den USA werden auch in Kanada bei fast allen persönlichen Dienstleistungen, auch in Taxis, Trinkgelder *(tips)* erwartet. In Restaurants sollte man mindestens 15 Prozent auf die Nettorechnung ohne Mehrwertsteuer hinzugeben. In Hotels und bei Gepäckträgerdiensten ist ein Dollar pro Gepäckstück als Trinkgeld üblich.

Unterkunft

Kanada bietet jegliche Form der Unterkunft vom Luxushotel bis zum Zeltcamp in der Wildnis. In vielen Ortschaften ist ein breites »Bed & Breakfast«-Angebot vorhanden, darunter finden sich auch recht teure und luxuriöse Unterkünfte in Häusern mit historischem Ambiente. Zahlreiche Farmen nehmen ebenfalls Gäste auf. Einheitliche Unterkunftsverzeichnisse für ganz Kanada

Das Fisgard Lighthouse auf Vancouver Island ist der älteste Leuchtturm an der Westküste. Der Küstenstreifen, auf dem er seit 1873 steht, trägt den Beinamen »Friedhof des Pazifik«. ▷

Auf dem Emerald Lake im Yoho National Park gehören ein paar Runden mit dem Kanu fast schon zum touristischen Pflichtprogramm.

existieren zwar nicht, aber die Touristikbüros der Provinzen und der Regionen, die auch Zimmerreservierungen vornehmen, halten entsprechende Unterlagen bereit.

Wer eine Rundreise plant, sollte zumindest das Hotel für den Ankunftstag und die Nacht vor dem Rückflug langfristig im voraus reservieren. Am besten tut man das mit seiner Kreditkarte, dann wird das Zimmer garantiert freigehalten, auch wenn man erst nach 18 Uhr anreist.

Verkehrsmittel

Für das ausgedehnte Land sind gute Flugverbindungen unabdingbar, deshalb unterhalten die beiden großen nationalen Linien »Air Canada« und »Canadian Airlines« enge Netze, die durch zahlreiche regionale Fluggesellschaften ergänzt werden. Auch Chartergesellschaften wie »Air Transat« besitzen eigene Linienverbindungen. Überall kann man zudem vergleichsweise preiswert kleine Flugzeuge mit Piloten chartern. Die größeren Fluggesellschaften sind mit eigenen Büros in Deutschland vertreten.

Für Bahnreisen ist die nationale Gesellschaft »VIA Rail Canada« mit Verbindungen in alle Provinzen außer Prince Edward Island der beste Ansprechpartner. Daneben gibt es regionale Bahnlinien wie die eigens für Touristen geschaffenen Routen der »Rocky Mountains Railtours«. Das nationale Busnetz wird von »Greyhound Canada« betrieben, die Langstreckenbusse sind mit Klimaanlagen und Toiletten ausgestattet. Daneben gibt es teilweise recht große regionale Busnetze. »Via Rail Canada« und »Greyhound Canada« haben Repräsentanzen in Deutschland, die Adressen sind über die Kanada Hotline (siehe Seite 207) erhältlich.

Zeitzonen

Kanada hat sechs Zeitzonen. Wenn es in Deutschland 12 Uhr mittags ist, zeigt die Uhr in Newfoundland 7.30 Uhr am Morgen. In den anderen Maritimes ist es dann 7 Uhr, in der Zeitzone der Eastern Time (Québec und ein Großteil von Ontario) 6 Uhr, in der Zeitzone der Central Time (Rest Ontarios, Manitoba, Osthälfte von Saskatchewan) 5 Uhr. Die Mountain Time (Westhälfte Saskatchewans, Alberta und der nordöstliche Winkel von British Columbia) steht dann bei 4 Uhr, die Pacific Time (der Großteil von British Columbia) bei 3 Uhr. In den Territorien werden die Zeitgrenzen nach Norden verlängert. In allen Provinzen außer Saskatchewan werden die Uhren zwischen dem ersten April und dem letzten Oktobersonntag um eine Stunde vorgestellt.

Zoll

Zum Schutz der kanadischen Agrarwirtschaft dürfen keine leicht verderblichen Lebensmittel wie Gemüse, Fleisch oder Käse eingeführt werden. Erlaubt sind für den Eigenbedarf ein Stück luftdicht verpackter Käse und Lebensmittel in Dosen. Zollfrei bleiben bei der Einreise 1,14 Liter Alkohol oder 8,5 Liter Dosenbier sowie 200 Zigaretten, 50 Zigarren oder Zigarillos oder 200 Gramm loser Tabak. Junge Erwachsene müssen die Altersgrenzen der jeweiligen Provinzen für das Mitführen von Alkohol und Tabakwaren beachten, sie liegen bei 18 oder 19 Jahren. Geschenke im Wert von maximal 60 Dollar pro Reisendem können zollfrei eingeführt werden.

(Kursive Angaben beziehen sich auf Bildlegenden bzw. auf die Reisedaten im Kapitel »Kanada auf einen Blick«)

NAMENREGISTER

Über den Autor:

Klaus Viedebantt, Dr. phil., geboren 1943 in Krefeld, studierte Volkskunde und Germanistik in Frankfurt/Main und Berlin. Nach der Leitung der Reiseredaktion der Wochenzeitung »Die Zeit« und als leitender Redakteur der »Frankfurter Allgemeinen Zeitung« ist er heute freiberuflich tätig. Er verfaßte zahlreiche Bücher über Kanada und bereist das Land regelmäßig.

Über die Fotografen:

Wolfgang R. Weber, geboren 1943, ist Diplom-Ingenieur. Seine Reisen führten ihn in fast jede Region der Erde. Er ist Bild- und Textautor mannigfaltiger Beiträge über Kanada, USA und Australien.

Axel M. Mosler, geboren 1953 in Dortmund, studierte Fotodesign. Seine Fotografien wurden in internationalen Ausstellungen gezeigt und in großen deutschen Reisemagazinen veröffentlicht. Bei seinen vielen Reisen nach Kanada faszinierte ihn besonders der Kontrast zwischen ursprünglicher, rauher Natur und der Modernität der Städte.

Traumziele bei VISTA POINT

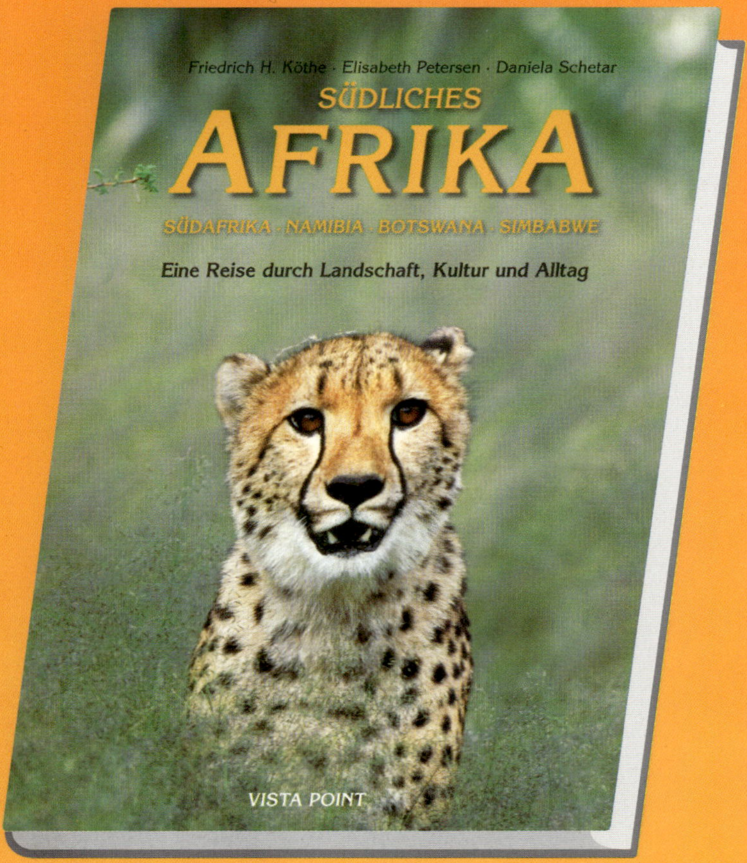

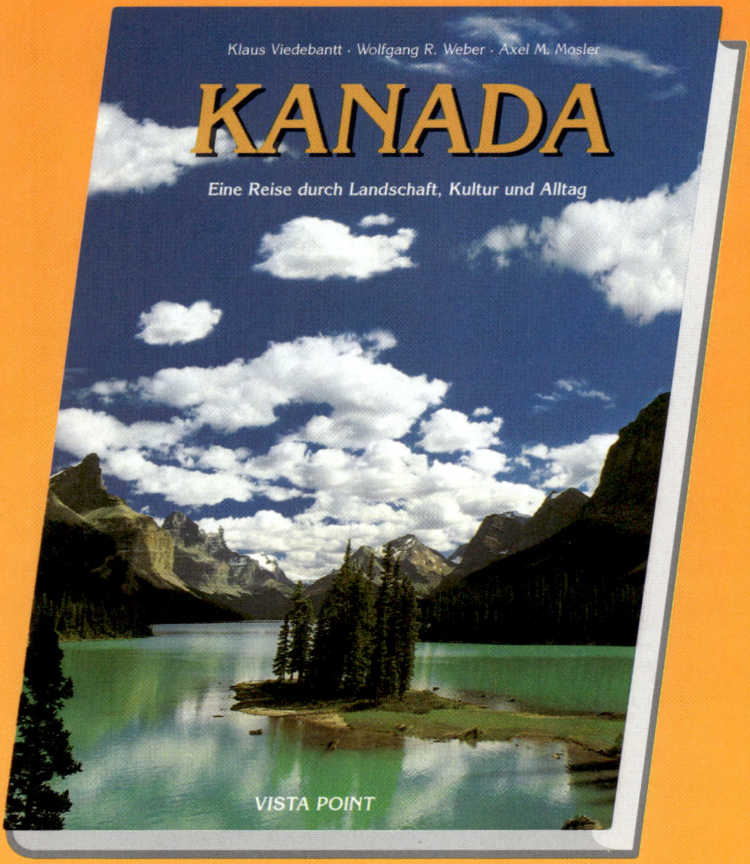

Friedrich H. Köthe, Elisabeth Petersen, Daniela Schetar

Südliches Afrika

Eine Reise durch Landschaft, Kultur und Alltag

3., aktualisierte Auflage 2003
224 Seiten mit 250 farbigen Abb. und einer Karte.
Format: 24,5 x 33 cm, Festeinband.

Klaus Viedebantt (Text), Wolfgang R. Weber und Axel M. Mosler (Fotos)

Kanada

Eine Reise durch Landschaft, Kultur und Alltag

4., aktualisierte Auflage 2003
224 Seiten mit 218 farbigen Abb. und einer Karten.
Format: 24,5 x 33 cm, Festeinband.

Klaus Viedebantt (Text) und Wolfgang R. Weber (Fotos)

Australien

Eine Reise durch Landschaft, Kultur und Alltag

5., aktualisierte Auflage 2003
224 Seiten mit 300 farbigen Abb. und 8 Karten.
Format: 24,5 x 33 cm, Festeinband.

Besuchen Sie uns im Internet: www.vistapoint.de, E-Mail: info@vistapoint.de

VISTA POINT VERLAG · Händelstr. 25–29 · 50674 Köln · Tel. 0221/92 16 13-0 · Fax 0221/92 16 13 14

One for the Road …
Wolfgang R. Weber
ALASKA und KANADAS YUKON
Horst Schmidt-Brümmer
TEXAS
Horst Schmidt-Brümmer
Kalifornien USA Südwesten
Hannah Glaser
Neuengland
Wolfgang R. Weber
WEST-KANADA
Alberta · British Columbia
Horst Schmidt-Brümmer
KALIFORNIEN
Karl Teuschl
FLORIDA
Horst Schmidt-Brümmer
Südstaaten USA
Horst Schmidt-Brümmer
USA
Von New York nach San Francisco
Heike und Bernd Wagner
Rocky Mountains
Horst Schmidt-Brümmer
ROUTE 66
Amerikas legendärer Highway von Chicago nach Los Angeles
Mit ausfaltbarer Routenkarte
Siegfried Birle / Horst Schmidt-Brümmer
West Coast Highway
Von Vancouver nach San Diego
Siegfried Birle
NORDWESTEN USA
Oregon und Washington
Horst Schmidt-Brümmer/Karl Teuschl
SÜDWESTEN USA
Nevada · Utah · Colorado · New Mexico · Arizona
Heike und Bernd Wagner
OST-KANADA
Horst Schmidt-Brümmer
Ostküste USA
Capital Region
VISTA POINT
Reiseführer im Format 15 x 21 cm, mit 240–352 Seiten, 130–200 Farbabb., 20–40 Routenkarten und Stadtplänen.
Mit VISTA POINT-Reiseführern durch Nordamerika

Agentur Premium, Düsseldorf/Darwin Wiggett: Umschlagvorderseite
AKG (Archiv für Kunst und Geschichte), Berlin: S. 94 l. o., 94 l. u.
Fridmar Damm, Köln: S. 12, 13, 15 o., 22/23, 45, 49, 57 o., 64, 78 o.
János Kálmar, Wien: S. 89, 209 r., 211
LOOK München/Christian Heeb: S. 16, 47 u., 66 o. 69, 75 m.
LOOK München/Karl-Heinz Raach: S. 15 u., 43, 44 o., 46, 57 u., 61 o., 65, 67 o., 75 o., 78 u., 86/87 u., 90 o., 96, 100, 103, 204, 205 o.
Axel M. Mosler, Dortmund: S. 4/5, 8/9, 18/19, 34, 54/55, 56/57, 58, 59, 60 o., 60/61, 62 l., 62/63 o., 62/63 u., 63 r., 68, 70 o., 70 u., 71, 72 l., 72 r., 73 o., 73 m., 73 u., 76, 79, 80, 81, 82, 82/83, 84 o., 84/85, 85 o., 86/87 o., 86/87 m., 87 o., 88, 90/91 u., 91 o., 98/99 o., 98/99 u., 104/105, 106/107, 107 o., 110/111, 112, 134/135, 154/155, 160/161, 154/155, 162/163, 208, 217, Umschlagrückseite
Musée de la Marine, Paris: S. 24
National Gallery of Canada, Ottawa: S. 2
Kurt Jochen Ohlhoff, Hannover: S. 38, 44 u.
Karl Teuschl, München: S. 20, 25, 52 o.,94 r., 115 u., 125, 145 o., 156/157, 165, 205 u.
Klaus Viedebantt, Frankfurt/M.: S. 66 u.
Vista Point (Archiv), Köln: S. 30 o., 92
Hanna Wagner, München: S. 51 r.
Heike und Bernd Wagner, Mülheim an der Ruhr: S. 14 u., 41, 42, 47 o., 48, 67 u., 86 o., 93
Wolfgang R. Weber, Darmstadt: Schmutztitelbild, Frontispiz, S. 3, 6/7, 10 o., 10 u., 17 o., 17 u., 21, 23, 26, 27, 28 u., 29, 31 o., 31 u., 32/33, 35, 36 r., 37, 40 o., 50/51, 52 u., 71 o., 74 u., 86 u., 94 o., 95, 101, 102, 108, 109, 113, 114/115, 116, 117 u., 118, 119, 120, 121, 122/123, 124 o., 124/125, 126, 127, 128/129, 129 u., 130 l., 130 r., 131, 132 o., 132 u., 133, 136 o., 136 u., 137 u., 137 o., 138/139, 140/141, 141 r., 142, 144, 145 u., 146, 147 o., 147 u., 148 o., 148 u., 149, 150/151, 151, 152 o., 152 u., 153 o., 153 u., 156 o., 157 o., 157 u., 158 o., 158 u., 159, 163 u., 164, 166 o., 166 u., 167 o., 167 u., 168, 169, 170, 172 o., 172 u., 172 l., 173, 174, 175, 176, 177, 178/179 o., 178 u., 179 u., 180/181, 182, 183, 184/185, 186, 187 o., 187 u., 188 o., 188 u., 189 o., 189 u., 190 o., 190 u., 191 o., 191 u., 192/193, 193 r., 193 u., 194 o., 194/195, 195 o., 196 o., 196 m., 196 u., 197, 200 o., 200 u., 201, 202, 203 o., 203 u., 206 o., 206 u., 207 o., 207 u., 209 o. l., 209 o. r., 210, 212, 213 o. l., 213 o. r., 213 u., 214 o., 214 u., 215, 216 o.
Gaby Wojciech, Köln: S. 14 o., 40 u., 44 m., 74 o.
Yukon Archives, Whitehorse: S. 36 l., 198, 199

Umschlagvorderseite: Spirit Island im Jasper National Park
Schmutztitelbild: Details eines Totempfahls im Thunderbird Park, Victoria
Frontispiz: Die Innenstadt von Edmonton bei Nacht
S. 3: Kanuten im Banff National Park
S. 4/5: Die Silhouette von Toronto
S. 6/7: Die Alexandra Falls des Hay River in den Northwest Territories
S. 8/9: Nächtliche Kulisse von Calgary
Umschlagrückseite: Indianer, Bragg Creek

4., aktualisierte Auflage 2003

Lektorat: Michael Köhler, Nachauflagen: Kristina Linke
Layout und Herstellung: Tom Harwerth Herstellung, Frankfurt/M.
Produktionsabwicklung: Andreas Schulz, Sandra Penno-Vesper
Reproduktionen: Litho Köcher, Köln
Kartographie: Berndtson & Berndtson Productions GmbH, Fürstenfeldbruck

Printed in Spain
ISBN 3-88973-620-3